ALEXANDER JORDE

KRANKE PFLEGE

GEMEINSAM AUS DEM NOTSTAND

TROPEN SACHBUCH

Tropen
www.tropen.de
© 2019 by J. G. Cotta'sche Buchhandlung
Nachfolger GmbH, gegr. 1659, Stuttgart
Alle Rechte vorbehalten
Printed in Germany
Cover: Zero-Media.net, München
unter Verwendung eines Fotos von © Annette Hauschild,
Shutterstock
Foto von Alexander Jorde (S. 1) © Annette Hauschild, Ostkreuz
Gesetzt von C.H.Beck.Media.Solutions, Nördlingen
Gedruckt und gebunden von CPI – Clausen & Bosse, Leck
ISBN 978-3-608-50384-5

Bibliografische Information der Deutschen Nationalbibliothek
Die Deutsche Nationalbibliothek verzeichnet diese Publikation in
der Deutschen Nationalbibliografie; detaillierte bibliografische
Daten sind im Internet über http://dnb.ddb.de abrufbar.

INHALT

7 EINFÜHRUNG

23 KAPITEL 1
Pflegen kann doch jeder – oder?

49 KAPITEL 2
Pflegenotstand

91 KAPITEL 3
Und wer trägt jetzt die Schuld?

113 KAPITEL 4
Ein Blick über den Tellerrand

151 KAPITEL 5
Wege aus dem Notstand

189 EIN WORT ZUM SCHLUSS
Wir haben es in der Hand

193 ANMERKUNGEN

EINFÜHRUNG

Krankheit und die eigene Verletzlichkeit – sowohl körperlich als auch seelisch – sind Dinge, über die wir uns selten Gedanken machen und die wir gerne verdrängen. Vor allem als junger Mensch scheint das alles sehr weit weg zu sein. Doch nach fast drei Jahren, in denen ich in meiner Ausbildung zum Gesundheits- und Krankenpfleger mit kranken und pflegebedürftigen Menschen gearbeitet habe, ist mir eines bewusst geworden: Das Leben kann sich von einem Moment auf den anderen verändern. Schneller als ein Wimpernschlag. Ich sehe Menschen am schönsten Tag ihres Lebens. Familien, die ihr Neugeborenes in den Armen halten oder Patienten, die eine Krankheit besiegt haben. Aber ich treffe auch Menschen in ihren dunkelsten Stunden. Etwa wenn ein Herzinfarkt einen Familienvater innerhalb von Sekunden aus seinem gewohnten Leben reißt und nichts mehr ist, wie es einmal war.

Tod, Krankheit, Pflegebedürftigkeit – das sind Tabuthemen in unserer Gesellschaft. Haben wir die Missstände in der Pflege deshalb so lange ignoriert? Pflege kann jeden von uns betreffen und doch ist sie für viele kein Thema. Dabei kann sie innerhalb kürzester Zeit so nah sein. Jeder von uns kann morgen persönlich, im Freundeskreis oder in der Familie betroffen sein. Und wie möchten wir dann versorgt werden? Wie soll unsere Familie, unsere Frau, unser Mann oder vielleicht sogar unser Kind versorgt werden? Wir müssen uns mit unbequemen Themen auseinandersetzen und uns einbringen, ob Politiker[1], Pflegekräfte oder Journalisten. Jeder Einzelne ist gefragt, als Staatsbürger, als Teil dieser Gesellschaft. Wir alle, weil sich das Leben schneller verändern kann, als man es sich manchmal wünscht.

Ich möchte Sie an jenen Tag mitnehmen, an dem ich die Chance hatte, dieses so wichtige Thema, welches viele Millionen Menschen tagtäglich bewegt, endlich etwas mehr an die Oberfläche treten zu lassen.

Es ist der 11. September 2017. Um 4.45 Uhr klingelt mein Wecker, daran werde ich mich wohl nie gewöhnen. Ich frühstücke, dusche und fahre zur Arbeit. Irgendwie ist mir schon bewusst, dass heute kein normaler Tag werden wird, obwohl sich zunächst alles wie immer anfühlt. Im Krankenhaus ziehe ich wie jeden Tag als Erstes meine weiße Arbeitskleidung an. Ich gehe auf die Station und folge der Übergabe. Die Pflegekraft des Nachtdienstes bespricht mit uns die Entwicklung der Patienten und ob es irgendwelche besonderen Vorkommnisse gab. Der heutige Frühdienst unterscheidet sich nicht sonderlich von dem an anderen Tagen. Der Einsatzbereich ist für mich allerdings ein besonderer. Da ich eine Ausbildung zum Gesundheits- und Krankenpfleger absolviere, habe ich im Klinikalltag nicht allzu oft Kontakt mit Kindern in meiner pflegerischen Arbeit. Denn sie werden in der Regel von Gesundheits- und Kinderkrankenpflegern versorgt. Es ist für mich eine neue Erfahrung, eine Zeit lang in diesem Bereich zu arbeiten und zu lernen, dass Kinder ganz andere Unterstützung und Beschäftigungsangebote benötigen als Erwachsene. Hier ist sehr viel Empathie und Fingerspitzengefühl gefragt. Während die Stunden heute vergehen, schaue ich immer öfter auf die Uhr. Ich stelle mir vor, wie das heute Abend ablaufen wird. Als ich um 14 Uhr schließlich die Klinik verlasse, fahre ich den Kilometer mit dem Fahrrad nach Hause und esse noch schnell eine Kleinigkeit.

Ich starte um 14.30 Uhr Richtung Lübeck. Geplante Fahrtzeit: 2 Stunden und 45 Minuten. Dann vor Hamburg: Stau. So erübrigt sich das mit der geplanten Fahrtzeit. Glücklicherweise bin ich früh genug losgefahren. Trotzdem beginnt sich langsam Angstschweiß auf meiner Stirn zu bilden, als es einfach nicht vorangeht. Nach einer gefühlten Ewigkeit geht es endlich in ein langsames Stop-and-go über. Da ich an der Situation nichts ändern kann, nutze ich die Zeit, um zu überlegen, wie ich nachher das zum Ausdruck bringen kann, was mir so auf der Seele brennt. Ich denke an die vielen Talkshows, in denen es fast nie um die Pflege geht. Und wenn doch, dann sitzen da meistens nur Politiker, die sich gegenseitig Vorwürfe machen. Dabei hätten sie fast alle in den letzten zwanzig Jahren die Möglichkeit gehabt, etwas zu bewegen: CDU/CSU, Die Grünen, SPD und auch die FDP. Auf der Suche nach einem geeigneten Einstieg kommt mir der Artikel 1 des Grundgesetzes in den Sinn – der Artikel, der über allen anderen steht und als Grundrecht das höchste Gut unserer Gesellschaft darstellt und trotzdem für viele Pflegebedürftige, aber auch für viele Pflegekräfte nicht immer zu gelten scheint.

Als ich damals auf Facebook den Aufruf der Tagesschau sah, sich für die Wahlarena mit der Bundeskanzlerin und Spitzenkandidatin Angela Merkel zu bewerben, dachte ich, probieren kann man's ja mal. Wirklich damit gerechnet, dass es klappt, hatte ich nicht. Also machte ich es kurz und trug in das Feld »Ihre Frage« Folgendes ein: »Was wollen Sie konkret gegen den Pflegenotstand tun? Werden Sie einen verbindlichen Personalschlüssel einführen?« Tage später klingelte das Telefon, eine unbekannte Nummer. Es meldete sich eine Mitarbeiterin des NDR, die mir sagte, sie würde meine Frage sehr interessant und wichtig finden, vor allem aufgrund meines jungen Alters. Sie versprach, sich in einigen Tagen zurückzumelden, wenn feststehe, ob ich zu denjenigen gehöre, die eine Einladung zur Wahlarena bekommen.

Und jetzt sitze ich tatsächlich im Auto auf dem Weg in die Wahlarena und bin mir nun sicher, dass ich mit der unverletzlichen Würde des Menschen einsteigen werde. Viel weiter komme ich allerdings nicht, denn die nächste Ausfahrt ist endlich in Sichtweite. Ich handle gegen den Willen meines Navigationssystems und fahre von der Autobahn ab und dann zwanzig Kilometer über Landstraßen mitten im Nirgendwo, bis ich schließlich wieder auf eine freie Autobahn gelange. Nach vier Stunden komme ich endlich in Lübeck an.

Das Gebäude, in dem die Wahlarena untergebracht ist, ist eine alte Werfthalle aus Backstein, leicht verfallen. Drinnen ist es moderner, mit Stahlverstrebungen, im Industrial Style. Es werden Schnittchen gereicht, die Leute unterhalten sich angeregt, ich bin jedoch ganz mit meinem Thema beschäftigt. Angetrieben von der Hoffnung, dass ich vielleicht irgendwas, wenn auch nur ein kleines bisschen, bewegen kann, werde ich immer ungeduldiger. Wenn ich in etwas nicht gut bin, dann ist es Warten. Ich schaue mich um. Das sind also die 150 Menschen, die repräsentativ eingeladen worden sind. Ein Querschnitt der deutschen Gesellschaft: Auszubildende, Studenten, Rentner, Selbstständige, Arbeitslose – und dazwischen ich. Sie alle sind hier, um im Wahlkampf Angela Merkel kritische Fragen zu stellen.

Wir werden in Vierergrüppchen in den Raum eingelassen. Um 19.30 Uhr sind dann alle Zuschauer auf ihren Plätzen und der Countdown läuft: Noch 45 Minuten, bis die Sendung beginnt. Meine Anspannung steigt, verbunden mit der Angst, umsonst hergefahren zu sein. Mein Kopf lässt kaum noch einen anderen Gedanken zu. Ich sehe mich um. Es ist das erste Mal, dass ich in einem Fernsehstudio bin. Es wirkt gar nicht so besonders, wie ich es mir vorgestellt hatte, aber es kommt mir absolut irreal vor, dass ich nun hier bin.

19.45 Uhr: Ein Mann mittleren Alters beginnt mit mal mehr mal weniger lustigen Sprüchen, die Verhaltensregeln und Fluchtwege während der Sendung zu erläutern. Wie mit einer Grundschulklasse im Theater. Handys aus. Muss noch jemand auf die Toilette?

20.05 Uhr: Angela Merkel betritt den Raum. Sie steht nur etwa vier Meter von mir entfernt und doch scheint sie weit weg zu sein. Sie geht ganz in ihrer Rolle als Bundeskanzlerin auf, wirkt distanziert und kontrolliert. Sie trägt einen roten Blazer und eine schwarze Hose, ich trage ein Jeanshemd, das mich wohl ab heute immer an diesen verrückten Tag erinnern wird. Sie begrüßt lächelnd das Publikum.

20.15 Uhr: Primetime. Die Wahlarena beginnt. Wir hören die Melodie der Tagesschau, die Moderatoren leiten die Sendung ein. Die erste Frage stellt ein Erstwähler, der gerne die CDU wählen würde. Da er aber in Bayern wohnt und die CSU aufgrund der Flüchtlings-Obergrenze nicht wählen möchte, steht er vor einem Problem. Damit liegt gleich zu

Beginn einmal mehr das scheinbar wichtigste Thema des Wahlkampfes und unserer Gesellschaft auf dem Tisch: die Flüchtlingskrise. Es gab Zeiten, da wurde unter Krise noch etwas verstanden, das für viele Menschen massive Einschnitte in ihr Leben und eine ernsthafte Gefahr für den gesellschaftlichen Zusammenhalt bedeutete.

Auf Platz eins der größten Ängste der Deutschen steht die Angst vor dem Terrorismus.[2] Wenn man die nüchternen Zahlen betrachtet, wirkt diese Angst paradox, denn die Zahl der Menschen, die im Krankenhaus in Folge nosokomialer Infektionen sterben, liegt mit circa 15 000 Todesfällen pro Jahr hundertfach höher als die Zahl der Menschen[3], die Opfer terroristischer Anschläge werden.[4] Dabei ließen sich diese im Krankenhaus entstehenden Infektionen durch mehr qualifiziertes Pflegepersonal zumindest teilweise senken. Durch die hohe Anzahl an Patienten bleibt am Ende weniger Zeit für hygienische Maßnahmen, wie beispielsweise die so wichtige Desinfektion der Hände. Man darf ein Leid nicht gegen das Leid eines anderen ausspielen, aber warum wird einer größeren Bedrohung weniger Aufmerksamkeit zuteil? Im CDU-Wahlprogramm steht, dass sich niemand um die Pflege Sorgen machen müsse. Genau solche Sätze sind es, die mich unglaublich wütend machen. Oder, wenn davon die Rede ist, dass die Pflege schlecht geredet wird. Es geht nicht darum, etwas schlecht zu reden, vielmehr muss auf die realen Umstände aufmerksam gemacht werden. Nicht die Arbeit, die die Pflegekräfte leisten, ist schlecht, sondern die Bedingungen, unter denen sie die Leistungen erbringen, sind es.

Doch zunächst zurück in die Wahlarena. Die Sendung läuft seit einigen Minuten. Der Moderator schaut sich nach der nächsten Meldung um und sieht dabei in meine Richtung. Ich starre ihn förmlich an und plötzlich zeigt er auf mich. Es passiert das, worauf ich so gehofft habe. Um 20.33 Uhr ist der Moment da. Auf einmal habe ich das Mikrofon vor meinem Mund. Ich stelle mich vor und beginne:

»Im Artikel 1 des Grundgesetzes steht, die Würde des Menschen ist unantastbar. Jetzt habe ich es in einem Jahr im Krankenhaus und Altenheim erlebt, dass diese Würde tagtäglich in Deutschland tausendfach verletzt wird. Ich finde, das ist ein Zustand, der ist nicht haltbar. Es gibt Menschen, die liegen stundenlang in ihren Ausscheidungen, das sind Menschen, die haben dieses Land aufgebaut nach dem Weltkrieg, die haben dafür gesorgt, dass wir diesen Wohlstand haben, in dem wir heute leben. Die Pflege ist so überlastet und Sie sind seit zwölf Jahren an der Regierung und haben in meinen Augen nicht viel für die Pflege getan. Im CDU-Wahlprogramm steht, keiner muss sich Sorgen machen um seine Pflege in Deutschland – das läuft alles, so nach dem Motto, aber das ist nicht so, das ist absolut nicht so. Es gibt Schichten, da ist man mit zwanzig Patienten pro Pflegekraft und das kann nicht sein. Warum führen sie nicht endlich eine Quote ein, wo man sagen kann, eine Pflegekraft betreut maximal soundso viele Patienten. Das muss doch in einem Land wie Deutschland möglich sein und da muss es auch möglich sein, mehr Geld in die Pflege zu stecken, oder?«

Ich glaube, es gab selten Momente in meinem Leben, die mir so unwirklich vorkamen. In dieser Situation realisiere ich nicht, dass Millionen Menschen vor dem Fernseher meine Worte hören können und dass ich gerade mit der vielleicht mächtigsten Frau der Welt rede. Ich merke nur, dass mein Puls, während ich spreche, in die Höhe geschossen ist, wie das Adrenalin durch meine Blutgefäße pumpt. Und dann ist da noch diese Wut. Die Wut, die ich spüre, wenn ich etwas ungerecht finde. Und ich habe noch nie etwas als so ungerecht empfunden, wie ich es in diesem Moment tue. Es ist so, dass ich persönlich nicht tausendfach diese Verletzungen der Würde gesehen habe. Aber jedem, der mit offenen Augen und Ohren durch die Welt geht, ist klar, zu welchen Situationen es zwangsläufig kommen muss, wenn man sieht, um wie viele Patienten sich ein Alten- oder Krankenpfleger gleichzeitig kümmern muss. Bei mir im Krankenhaus lief ebenfalls nicht immer alles ideal ab, doch habe ich eine angenehmere Atmosphäre wahrgenommen, als sie vielerorts vorherrscht. Pauschalisierungen sind fehl am Platz, denn es gibt neben vielen Negativbeispielen auch positive. Und darum geht es mir letztendlich. Ich möchte zeigen, dass es sich um strukturelle Probleme handelt und nicht einigen Wenigen die Schuld zuzuweisen ist. Angela Merkel scheint meine Wut wahrzunehmen und wirkt etwas überrascht über die Klarheit meiner Worte. Sie sagt, ich würde einen Punkt ansprechen, der viele bewegt und weiter:

»Wir haben in den letzten vier Jahren den Pflegeversicherungsbeitrag erhöht, wir haben fast zwanzig Prozent mehr Geld im gesamten Pflegebereich und das läuft jetzt gerade mit dem neuen Pflegebegriff, den wir eingeführt haben, damit wir endlich die Demenzkranken vernünftig behandeln können. Auch die Neufestlegung der Mindestbetreuer pro Bewohner in den Pflegeheimen und diese Neugewichtung wird gerade ausgehandelt mit den entsprechenden Kassen.«[5]

Dass ich eine Ausbildung zum Gesundheits- und Krankenpfleger mache und damit primär im Krankenhaus arbeite und ausgebildet werde, hat sie entweder überhört oder sie ignoriert es gekonnt. Denn dann wäre ihr aufgefallen, dass die Pflegeversicherung mit der Finanzierung von Pflege im Krankenhaus nichts zu tun hat. Und damit lässt sie auch das entscheidende Thema der Finanzierung komplett außer Acht.

Die angesprochenen Maßnahmen sind nur ein Tropfen auf den heißen Stein, es kommt mir vor, als wolle sie mit einer Wasserpistole einen Waldbrand löschen. Nach zwölf Jahren Regierung ist das, was sie beim Thema Pflege vorzuweisen hat, ein Armutszeugnis. Sie muss sich eingestehen, dass viele Menschen nicht vom wirtschaftlichen Erfolg profitieren, in der Pflege wird dies besonders sichtbar. Die Maßnahmen, die sie beschreibt, haben zumindest in der stationären Pflege, sowohl im Krankenhaus als auch in den Pflegeheimen, weder Pflegekräfte noch Pflegebedürftige positiv zu spüren bekommen. Der Moderator drängt sie zu konkreteren Antworten, die auch ich mir wünsche.

»Wir haben im Krankenhausbereich Mindestpflegestandards«, sagt Merkel.

Die Überraschung über diese Aussage steht mir förmlich ins Gesicht geschrieben und ich entgegne: »Auf den Normalstationen auch?«

»Wir haben das in den Intensivpflegestationen bereits«, sagt Merkel, »bei den Normalpflegestationen müssen die Krankenhäuser das bis, glaube ich, 2018 hinbekommen. Und wenn sie es nicht hinbekommen, werden von der Regierung Standards festgelegt.«

Das entspricht zumindest zum Teil nicht der Wahrheit, da lediglich für die Betreuung von Frühgeborenen auf der Intensivstation Vorgaben gelten, wie die Tagesschau am nächsten Tag in ihrem Faktencheck richtigstellt.[6] Für die

Betreuung von Kindern und Erwachsenen gibt es de facto keine Personalvorgaben in den Krankenhäusern. Dass ich mit ihren Aussagen nicht einverstanden bin und meine Wut nicht abklingt, sieht sie offenbar:

»Ich kann Ihnen nicht versprechen, dass zum Schluss alles zu bester Zufriedenheit ist, aber es wird mehr Standard da reinkommen. Ich hoffe, dass wenn wir uns in zwei Jahren wiedersehen würden, dass es dann etwas besser ist.« Das ist nun wirklich aus der Luft gegriffen und völlig realitätsfern. Und es zeigt auch ein Stück weit Merkels Hilflosigkeit in dieser Situation. Ich kann das nachvollziehen. Ein solch großes Thema kann für eine Wahl entscheidend sein und das kann sie so nicht stehen lassen. Aber bei allem Verständnis, damit lasse ich mich nicht abspeisen: »Das kann gar nicht funktionieren«.

»Warum kann das nicht funktionieren?«, fragt sie, etwas irritiert.

»Wie wollen Sie es denn schaffen, dass in zwei Jahren schon mehr Pflegekräfte da sind? Die fallen ja nicht vom Himmel.«

»So, das ist jetzt wieder. Das ist jetzt …«, setzt Merkel an, doch ich lasse mir an dieser Stelle nicht das Wort nehmen. Ich führe meine Beobachtung aus, sie verstummt, lächelt und nickt. Darüber, was sie in diesem Moment denkt, kann ich nur spekulieren.

Was ich will sind Taten, keine Worthülsen. Ich frage sie nochmals, wie sie das Problem angehen will und weise darauf hin, dass sich im Hinblick auf den demographischen Wandel die Lage noch verschärfen wird und uns dann deutlich Schlimmeres bevorsteht. Schätzungen gehen davon aus, dass die Zahl des fehlenden Pflegepersonals sich 2030 auf circa 480 000 Fachkräfte belaufen wird.[7] »Das wird eine Katastrophe werden«, schließe ich ab.

Angela Merkel schlägt vor, für den Beruf zu werben und eine bessere Bezahlung zu bieten – und notfalls, Pflegekräfte aus dem Ausland zu holen. Aber jetzt ist schon notfalls und wir können unsere Probleme nicht in andere Länder verlagern. Brauchen die Menschen in Polen oder auf den Philippinen etwa keine pflegerische Versorgung? Wir verlagern ohnehin viel zu oft unsere Probleme in andere Länder. Wir lassen beispielsweise unsere Kleidungen zu Bedingungen produzieren, die man als moderne Sklaverei bezeichnen könnte und es kommt kaum jemand auf den Gedanken, Probleme, die man selbst verschuldet hat, auch selbst zu lösen. Das ist im Hinblick auf ein angestrebtes Zusammenwachsen der Staaten Gift und zeugt von mangelnder Verantwortung gegenüber der eigenen Bevölkerung wie auch derjenigen anderer Staaten.

Nochmals versucht Merkel abschließend auf mich einzugehen und zu besänftigen: »Ich finde es toll, auch wenn sie jetzt vielleicht ein bisschen wütend sind, dass sie auch als junger Mann diesen Beruf gelernt haben.« Und das war's. Das war mein Gespräch mit der Bundeskanzlerin in der Wahlarena. Ich hatte gehofft, Angela Merkel noch mehr Konkretes zu entlocken und sie zu verbindlichen Aussagen zu treiben. Doch zumindest habe ich das Gefühl, dass es mir gelungen ist, dass das Thema »Pflege« endlich einmal eine größere Öffentlichkeit erreicht.

Ich folge den Fragen der anderen Gäste bis zum Ende der Sendung. Als ich mich in mein Auto setze, kann ich immer noch nicht fassen, was gerade passiert ist. Ich schaue auf mein Handy und mir wird schlagartig klar, dass das Gespräch nicht ohne Echo verhallen wird. Hunderte Nachrichten und Freundschaftsanfragen auf Facebook haben mich erreicht. Damit habe ich nicht gerechnet. Ich fahre mit einer Mischung aus Aufgedrehtheit und Erschöpfung nach Hause, dieses Mal ganz ohne Stau. Zu Hause angekommen, lege ich das Handy zur Seite. Noch in der gleichen Nacht um ein Uhr morgens klingelt das Telefon. Wieder eine unbekannte Nummer, dieses Mal ist es die Deutsche Presse-Agentur und ein Herr, der nur kurz meine Beweggründe und meine Eindrücke aus der Wahlarena erfahren möchte. Mein erstes Interview, mitten in der Nacht. Am nächsten Morgen habe ich es immer noch nicht so richtig begriffen. Mein Handy ist zu diesem Zeitpunkt schon völlig überlastet – Zuspruch von vielen Seiten, Anfragen von Radiosendern und Zeitschriften. Gefühlte zwei Stunden führe ich immer wieder das gleiche Interview. Eigentlich müsste ich einkaufen, denn der Kühlschrank ist leer. Doch stattdessen geht es immer weiter, ohne Pause, sodass ich erst abends bemerke, dass ich den ganzen Tag noch nichts gegessen habe.

Was in den nächsten Tagen passiert, ist völlig verrückt. Ich lese Schlagzeilen und Worte über mich wie »Über Nacht zum Netzstar«[8], »Der mit der Kanzlerin ringt«[9], »Heftige Kritik an Merkel«[10] oder »Azubi grillt Merkel«[11]. In fast allen Zeitschriften werde ich erwähnt und Formulierungen wie »ungewöhnlicher TV-Held«[12] sind mir unangenehm, denn es geht mir um die Sache und nicht um meine Person. Ich stehe eigentlich nicht gerne im Mittelpunkt, aber ich bin jemand, der keiner politischen Diskussion ausweicht. Und hier geht es um meine Überzeugungen. Leider richten viele Medien ihren Blick mehr auf mich als Person als auf das

Thema. Doch es gibt auch einige positive Gegenbeispiele, etwa: »Ein Moment für die Krankenpflege«[13].

Als ich nach einiger Zeit einen verpassten Anruf aus dem Krankenhaus auf meinem Handy sehe, denke ich das erste Mal daran, dass ich einen Drahtseilakt vollführe. Natürlich bin ich mit der Gesamtsituation nicht zufrieden, jedoch geht es mir um eine generelle Kritik am System. Als ich zurückrufe, erfahre ich, dass es viele Anfragen an das Krankenhaus gibt, ob ich dort arbeiten würde und ob man dort filmen könne. Mein Arbeitgeber zeigt sich diesen Anfragen gegenüber sehr offen und unterstützt mich. Das ist nicht selbstverständlich.

In den nächsten Tagen und Wochen ist die mediale Aufmerksamkeit unglaublich hoch. Teilweise überflutet es mich so, dass auch das Private darunter leidet. Es dauert eine ganze Weile, bis es mir gelingt, alles zu regeln. In einem Moment stehe ich auf der Station und gehe meiner Arbeit nach, im anderen finde ich mich in einer Talkshow wieder. Ob bei »Markus Lanz« oder »Hart aber fair«. Ich habe das Gefühl, dass alles immer irrealer wird. Gleichzeitig hoffe ich, dass ich mit meinen Argumenten wenigstens ein wenig zu einer Veränderung beitragen kann. Die Diskussion zu dem Thema ist zumindest entfacht und das ist schon ein großer Gewinn.

Ich habe alles, was nach der Wahlarena geschehen ist, nicht vorhersehen können. Ich wusste bis zu dem Moment, als das Mikrofon vor meinem Mund erschien, nicht einmal, ob ich überhaupt zu Wort kommen würde. Doch ab dann ging für mich alles Schlag auf Schlag. Plötzlich sitze ich als einundzwanzigjähriger Auszubildender in Talkshows, Podiumsdiskussionen und streite mit Politikern.

Ich habe ein sensibles Empfinden, wenn es um Gerechtigkeit geht und vor allem dann, wenn sie aus dem Gleichgewicht gerät. Es gibt viele Dinge in diesem Land, die ich ungerecht finde, auch wenn vieles besser ist als in anderen Ländern. Ich bin jemand, der diese Missstände nicht unkommentiert lassen kann. Die Wahlarena war für mich die Chance, endlich das anzusprechen, was mich wirklich bewegt. Was für Konsequenzen das nach sich zieht, habe ich nicht im Ansatz geahnt.

Ich habe durch die Wahlarena und meine Teilnahme an unterschiedlichen medialen Formaten zumindest für den Moment eine gewisse Bekanntheit erlangt. Das war zwar nie mein Ziel, aber ich sehe es als Möglichkeit, dem Thema »Pflege« und den damit verknüpften Problemen eine Bühne zu bieten. Schon zu einem frühen Zeitpunkt habe ich bemerkt, dass das Interesse vieler Medien nicht zwingend einer differenzierten Auseinandersetzung mit der Thematik gilt. Egal ob in Talkshows, Radio-Interviews oder in Zeitungsartikeln, meist findet die Berichterstattung nur sehr oberflächlich statt. Häufig hat die persönliche Ebene Vorrang. Ich wurde in vielen Interviews dazu aufgefordert, mehr aus meinem Alltag zu berichten und dramatische Geschichten zu erzählen. Natürlich wollen die Medien viele Menschen erreichen und das geht vor allem über persönliche Hintergründe und Erlebnisse, die das Interesse des Lesers oder des Zuschauers wecken und zeigen, warum uns der Pflegenotstand überhaupt angeht. Doch viel zu oft bleibt es auch dabei. Ich beobachte es immer wieder. In den Sendungen geht es darum, Pflegekräfte zu zeigen, die die Missstände beschreiben und zu veranschaulichen, wie dramatisch die Zustände sind. Und ja – sie sind dramatisch. Aber es wird sich nichts daran ändern, wenn wir die Probleme nur benennen, aber nicht darüber sprechen, wie es dazu kommen konnte, und was wir dagegen tun können.

Ich habe mich entschieden, dieses Buch zu schreiben, um zu versuchen, einen Blick auf alle Facetten zu werfen und dabei auch über den Tellerrand hinauszuschauen. Ich bin weder ein erfahrener Autor noch ein Gesundheitsökonom oder Pflegewissenschaftler. Genauso wenig habe ich jahrzehntelange Berufserfahrung vorzuweisen. Und doch ist es vielleicht genau das, was den Reiz dieses Buches ausmacht. Denn diejenigen, die ich aufgezählt habe, können aus ihrem Blickwinkel detailliert und mit hoher Expertise über Pflege berichten. Aber die Perspektive eines Auszubildenden ist vielleicht ebenso eine, die nicht nur gehört werden sollte, sondern auch bereichernd sein kann.

Ich möchte versuchen, mit diesem Buch so viele Menschen wie möglich anzusprechen und einen tieferen Einblick zu gewähren, was professionelle Pflege bedeutet. Außerdem möchte ich zeigen, wie wir überhaupt an diesen Punkt, an dem wir uns heute befinden, gelangt sind. Ich beschäftige mich mit der Frage, welche Lösungsansätze andere Länder bieten, was wir für uns übernehmen können und welche weiteren Lösungsansätze einen Weg aus dem Notstand bereiten können. Ich will und kann nicht *die* Lösung für alle Probleme in der Pflege anbieten. Aber ich unternehme den Versuch, durch einen umfassenden Blick das Verständnis dafür zu erweitern, was Pflege bedeutet, wie sich der Pflegenotstand auf Pflegekräfte und Pflegebedürftige auswirkt und wie wir nur gemeinsam einen Weg daraus finden können. Dieses Buch wird also nicht dramatische

Missstände enthüllen oder *die* Lösung präsentieren, auf die alle gewartet haben. Vielmehr möchte ich den Notstand differenziert beleuchten und dazu anregen, dass jeder Einzelne etwas zu einer Veränderung beitragen kann.

KAPITEL I

PFLEGEN KANN DOCH JEDER – ODER?

Beinahe wäre ich nicht im Krankenhaus gelandet. Und dann hätte ich auch nie in der Wahlarena mit Angela Merkel gesprochen. Es war nie mein Ziel, Gesundheits- und Krankenpfleger zu werden, und sicher nicht mein Traumberuf. Mein Kindheitstraum war immer ein anderer. Sehr lange Zeit wollte ich Pilot werden, doch das blieb mir verwehrt, da meine Sehstärke nicht ausreichte. Das war kein Weltuntergang, denn mir war bewusst, dass die Chancen gering sind, aber ich wusste, dass ich mich nicht jeden Tag acht Stunden in ein Büro setzen wollte. Ich wollte etwas machen, das mich auch an Grenzen stoßen lässt und ich hatte unterschiedliche Vorstellungen davon, welche Tätigkeit ich später einmal ergreifen könnte. Ich entschied mich nach dem Abitur zunächst für den freiwilligen Wehrdienst. Ich verabscheue Krieg und Gewalt mehr als alles andere, aber ich fand es immer beeindruckend, dass es Menschen gibt, die bereit sind, ihr Leben für unsere Werte, unsere Freiheit und unsere Rechte einzusetzen. Für mich war es wichtig, mir selbst ein Bild von der Institution Bundeswehr zu machen. Zehn Monate war ich bei der Marine, zunächst für drei Monate in der Nähe von Stralsund für die Grundausbildung. Ich hatte trotz meiner kurzen Verpflichtungszeit das Glück, anschließend an Bord eines der neusten und größten Schiffe der deutschen

Marine zu gehen und für sechs Monate im Mittelmeer und der Ägäis im Einsatz zu sein. Es war für mich eine sehr prägende und gleichzeitig sehr anstrengende Zeit. Ich habe viel für mein Leben gelernt. Doch für mich war klar, dass die Zeit bei der Marine auf zehn Monate begrenzt war.

Als ich vor der Entscheidung stand, wie es danach weitergeht, konnte ich mich nicht wie viele meiner Mitschüler für ein Studienfach begeistern. Die Option blieb mir ja immer noch und ich wusste zumindest, was ich nicht wollte. Ich arbeitete zunächst als Leiharbeiter in einer Betongießerei, um die Zeit zwischen Abitur und Wehrdienst zu überbrücken, und sägte stundenlang Metallstangen durch. Die Zeit ist in meinem Leben noch nie so langsam vergangen wie dort. Ich ziehe meinen Hut vor denjenigen, die über vierzig Jahre solche Knochenjobs ausüben, bei geringer Bezahlung und wenig Abwechslung. Außerdem absolvierte ich während der Schulzeit ein Praktikum in einem Industriebetrieb. Aber auch wenn ich Mathe immer mochte und technisch sehr interessiert bin, war der Berufsalltag dort nicht so spannend, wie ich ihn mir vorgestellt hatte. Die Arbeit im Krankenhaus hingegen faszinierte mich schon als Kind, wenn ich meine Mutter bei der Arbeit besuchte. Sie arbeitet schon länger als Krankenpflegerin, als ich auf dieser Welt bin. Sie sagte nie, dass ich ihr nacheifern, aber auch nie, dass ich es sein lassen sollte. Sie wollte, dass es meine Entscheidung blieb. Aber der Kontakt zum Krankenhaus und diesem Beruf war vorhanden und es war ganz klar: Da musste ich mich nicht nach dem Sinn meiner Arbeit fragen, der lag auf der Hand. Auch wenn es schlechte Tage gibt, habe ich das Gefühl, dass das, was ich tue, wichtig ist und schon die kleinen Dinge das Leben anderer Menschen positiv beeinflussen können. Die andere Seite der Medaille ist, dass man das Leben anderer auch negativ beeinflussen kann. Schon kleine Fehler können Patienten Schmerzen oder Unannehmlichkeiten bereiten. Ein falsches Wort zur falschen Zeit kann verletzen. Wir Pflegekräfte tragen eine enorm hohe Verantwortung, der wir uns jeden Tag bewusst sein müssen. Das ist Fluch und Segen zugleich. Ich empfinde es als durchaus positiv, dass man bei der Arbeit eine hohe Verantwortung trägt, weil diese einem das Gefühl vermittelt, etwas mit seinem Handeln beeinflussen zu können. Aber eben diese Verantwortung kann erdrückend sein, wenn sie zu viel wird. Man sagt es sich zu selten und deshalb versuche ich es mir immer wieder vor Augen zu führen: Was ich mache, was wir Pflegekräfte tun, ist etwas Gutes, auch wenn es nicht immer einfach ist.

Das Krankenhaus habe ich schon früh als einen faszinierenden Ort erlebt. Es ist eindrucksvoll, wie ein so großes Gebäude mit so vielen Menschen funktioniert, die wie ein Uhrwerk zusammenarbeiten. Später sah ich mir gerne Serien an, wie Scrubs, Dr. House oder Grey's Anatomy, auch wenn dort meist kein realistisches Bild von der Pflege gezeichnet wird. Als ich einmal mit meiner Familie meine Großeltern in der Klinik besuchte, stellte sich bei mir keine Angst ein, keine Ablehnung gegenüber den kahlen Krankenhausfluren, dem Desinfektionsgeruch, sondern eher Neugier und Bewunderung, die bis heute geblieben sind.

Das Uhrwerk Krankenhaus läuft. 24 Stunden. 7 Tage in der Woche. Es steht niemals still. Die Vorgänge greifen reibungslos ineinander, jedenfalls meistens, und das in den hektischsten Situationen. Innerhalb von wenigen Minuten trifft nach einem Verkehrsunfall ein Patient mit lebensbedrohlichen Verletzungen in der Notaufnahme ein. Der Rettungswagen fährt vor, die Notfallsanitäter und der Notarzt übergeben ihn, der Arzt im Krankenhaus untersucht ihn und innerhalb der nächsten Minuten müssen viele und schnelle Entscheidungen gefällt werden. Eine Anästhesiepflegekraft legt beispielsweise eine Venenverweilkanüle, um Volumen, Transfusionen oder Medikamente zu verabreichen, gleichzeitig wird ein Harnblasenkatheter gelegt, der Internist untersucht den Bauchraum auf innere Blutungen, während der Chirurg alle vom Tisch wegtreten lässt, um den Patienten zu röntgen, etwa zur Erkennung von Knochenbrüchen. Dann geht es in den OP und innerhalb kürzester Zeit ist viel passiert, das dem Patienten unter Umständen das Leben rettet.

Man denkt häufig an das, was im Krankenhaus schiefläuft, wo Fehler entstanden sind, aber an diesem Beispiel sieht man, was alles richtig läuft, wie gut die einzelnen Arbeitsprozesse ineinandergreifen. Dieses komplexe und hochmoderne System war auch ein Grund dafür, warum ich mich für diese Ausbildung entschieden habe. Es war mein Bedürfnis, mitzuwirken und das Uhrwerk zu verstehen. Und ich merkte zu Beginn der Ausbildung schnell, dass man als Pflegefachkraft Teil dieses Systems ist, dass ich komplexe Aufgaben zu bewältigen habe.

Das Bild der Pflege mag in der Gesellschaft ein anderes sein, man stellt sich etwa vor, dass Pflegekräfte dem Patienten insbesondere beim Gang auf die Toilette oder beim Reinigen des Gesäßes behilflich sind. Auch ich hatte diese Bilder vor der Ausbildung im Kopf und fragte mich, ob ich den Anforderungen dieses Berufes überhaupt gewachsen bin. Doch das war es ja, was ich wollte. Ich wollte an meine Grenzen stoßen und mich Tag für Tag neuen Herausforderungen stellen. Aber was für Aufgaben umfasst dieser Beruf eigentlich? Was steckt hinter dem Wort »Pflege«?

»Pflegen kann jeder«[14], soll einmal der ehemalige Arbeitsminister Norbert Blüm gesagt haben. Und die spätere Arbeitsministerin Ursula von der Leyen schlug vor, die gekündigten Kassiererinnen der Drogeriekette Schlecker zu Altenpflegekräften umschulen zu lassen[15]. Das suggerierte: Wenn du deinen Beruf nicht mehr ausüben kannst, dann wirst du eben Altenpfleger. Wer nichts wird, wird Pflegekraft. Ich bezweifle nicht, dass eine Einzelhandelskauffrau nicht auch eine gute Altenpflegerin sein kann. Aber nur, weil der Bedarf an Pflegekräften hoch ist, sollte nicht jeder bedingungslos zugelassen werden.

Pflegen kann nicht jeder, denn nicht jeder ist dazu geeignet. Es ist kein Beruf, der ohne Weiteres ergriffen werden kann. Auch der Vorschlag, Flüchtlinge, die weder der deutschen Sprache mächtig sind noch die geeignete Qualifikation haben, als Quereinsteiger in die Pflege einzubinden, ist hinsichtlich der komplexen Aufgaben und der damit einhergehenden Verantwortung mehr als fahrlässig. Um in der Pflege arbeiten zu können, muss man ein ausgeprägtes Sprachvermögen besitzen sowie die Fähigkeit, sich die komplexen Sachzusammenhänge in der Ausbildung anzueignen und im täglichen Berufsalltag entsprechend anzuwenden. Schließlich muss die Sicherheit der Patienten stets gewährleistet sein.

Viele Aussagen zeugen von mangelndem Respekt diesem Beruf gegenüber und zeigen, dass sowohl seitens der Politik als auch seitens der Gesellschaft ein falsches Bild von der professionellen Pflege herrscht. Es reicht nicht, zu wissen, wie man einen Waschlappen hält und es braucht mehr als ein gutes Herz und Einfühlungsvermögen. Das darf natürlich nicht fehlen, aber es spiegelt bei Weitem nicht die vielfältigen Anforderungen des Berufes wider. In vielen europäischen Ländern wird anerkannt, dass der Pflegeberuf eine Menge Fähigkeiten voraussetzt, weshalb der Zugang mittlerweile vielfach nur noch über ein Studium möglich ist. Das soll nicht heißen, dass alles besser wird, wenn der Zugang zum Beruf durch ein Studium statt durch eine Ausbildung erfolgt. Doch es macht deutlich, dass die Tätigkeiten in der Pflege umfangreicher und komplexer sind, als sie wahrgenommen werden.

Unsere Ausbildung in Deutschland braucht sich nicht zu verstecken. Ich muss zugeben, dass ich sie nicht so anspruchsvoll eingeschätzt habe, wie sie tatsächlich ist. Obwohl ich ein gutes Abitur in naturwissenschaftlichen Prüfungsfächern gemacht habe, investiere ich viel Zeit in das Lernen für die Ausbildung, deutlich mehr, als ich es für das Abitur getan habe. Es ist der Ruf, der einer Ausbildung anhaftet, sie wäre weniger schwierig und fordernd als ein Studium, nur weil sie eine Ausbildung ist. Und dieser Ruf überträgt sich auf den Beruf selbst und es stört mich, wenn ich mit jemandem über meine Ausbildung spreche. Fast nie wird einem Wertschätzung entgegengebracht, weil man einen besonders anspruchsvollen und strukturell sehr komplexen Beruf erlernt, sondern weil er hart ist und man mit »ekligen« Dingen konfrontiert ist. Ich wünsche mir, dass sich dieses Bild endlich weiterentwickelt. Daher möchte ich im Folgenden einen kleinen Einblick in meine Ausbildung und meinen Berufsalltag geben.

Die theoretische Ausbildung setzt auf ein sehr umfangreiches, breites Wissen in vielen unterschiedlichen Bereichen, was im Alltag sehr wichtig ist, um die Patienten professionell und in einer guten Qualität zu versorgen. Dabei kommt es vor allem darauf an, Zusammenhänge zwischen den Themenkomplexen zu erkennen und ins Handeln zu integrieren. Das erfordert eine strukturierte Denkweise. Zu Beginn der Ausbildung lernt man die Anatomie und Physiologie des menschlichen Körpers: Wie ist er aufgebaut? Wie funktioniert er? Beginnend bei der Zelle mit seinen kleinsten Funktionseinheiten über Organsysteme bis hin zum Menschen in seiner Gesamtheit. Dieses Wissen bildet die Grundlage, um zu verstehen, wie Krankheiten entstehen und wie sie sich auf den Körper auswirken. Und sie ist wichtig, um die pflegerische Arbeit zu verstehen. Um zu wissen, warum ich etwas tue und wie ich es tue. Ich muss mein Handeln begründen können und daher jeden Schritt kritisch hinterfragen. Es gibt unterschiedliche Theorien und Modelle, nach denen Pflege organisiert und gestaltet werden kann. Ebenso, wie es unterschiedliche Sichtweisen gibt, die das Erleben einer Krankheit aus unterschiedlichen Blickwinkeln betrachten.

Die Strukturierung der Ausbildungsinhalte, bezogen auf den pflegerischen Bereich, ist dabei zum Teil an das Modell der »Aktivitäten des täglichen Lebens«[16] der Schweizer Krankenschwester Liliane Juchli angelehnt. Sie gliedert die vielen Lebensbereiche in unterschiedliche Einheiten wie zum Beispiel »Sich bewegen« oder »Essen und Trinken«. Dabei können sowohl Inhalte aus Anatomie und Physiologie sowie die Beobachtung des Menschen mit der Auswahl und Durchführung bestimmter pflegerischer Maßnahmen miteinander verknüpft werden.

Eine dieser Aktivitäten bildet das »Sich waschen und kleiden«. Dabei geht es in erster Linie um das Organ Haut: Woraus besteht sie? Wie ist sie aufgebaut? Wie kommen Veränderungen der Haut, wie etwa Druckgeschwüre, zustande? Welche Möglichkeiten der Therapie und Prävention gibt es? Wie werden Pflegekräfte dabei eingebunden? Wie pflege ich trockene oder fettige Haut?

Wenn also eine Patientin mit einem gebrochenen Bein ins Krankenhaus kommt, ist der Fokus nicht nur auf die Therapie des Bruches zu richten, sondern auch darauf, dass durch das lange Liegen die Haut nicht zu Schaden kommt. Es ist dabei Aufgabe der Pflegekräfte, durch Bewegungsförderung und regelmäßige Positionsveränderungen des Patienten die Haut zu entlasten. Manche Patienten müssen dabei unterstützt werden, andere sind kaum auf Unterstützung angewiesen und benötigen lediglich Anleitung.

Pflege bedeutet nicht nur, gemeinsam mit dem Arzt eine Krankheit zu bekämpfen. Das verdeutlicht auch die aktuelle Berufsbezeichnung: Gesundheits- und Krankenpfleger. Dass das Wort »Gesundheit« so prominent in der Berufsbezeichnung steht, hat seinen Grund. Im Vordergrund steht die körperliche und psychische Gesundheit der kranken und pflegebedürftigen Personen. Wir Pflegekräfte helfen dabei, sie wiederzuerlangen, zu verbessern und zu fördern. So werden die vier Kernaufgaben Pflegender von dem *International Council of Nurses* wie folgt definiert: »Gesundheit zu fördern, Krankheit zu verhüten, Gesundheit wiederherzustellen und Leiden zu lindern«[17].

In unserem Beispiel, der Patientin mit dem Beinbruch, die in ihrer Mobilität eingeschränkt ist, ist es unsere Aufgabe, nicht nur die OP-Wunde zu versorgen und die medikamentöse Therapie zu überwachen, sondern den Blick auf alle Aspekte zu richten. Wie ist das soziale Umfeld der Patientin? Gibt es Unterstützung von Verwandten? Welche Bedürfnisse hat sie, wie fühlt sie sich mit der Krankheit? Auch emotionale und psychische Komponenten spielen bei der Genesung eine bedeutende Rolle. Nicht ohne Grund wird von ganzheitlicher Pflege gesprochen.

Früher war man der Meinung, der Patient müsse erst einmal zwei Wochen im Krankenhaus bleiben. Es wurde Bettruhe angeordnet, damit das Bein ausheilt. Dass das für den Patienten und die Genesung nicht in dem Sinne förderlich war, wie man annahm, ist heute bekannt. Denn der Mensch ist im Falle eines Beinbruchs nur zu einem gewissen Teil »krank«, der Rest des Körpers ist gesund, es sei denn, es bestehen weitere Nebenerkrankungen. Das heißt, der Mensch ist, rein körperlich betrachtet, meist gesünder, als er sich fühlt. Deshalb ist es unsere Aufgabe, die Ressourcen, die der Patient hat, zu erkennen, gleichzeitig aber auch die mit der Erkrankung einhergehenden Probleme, wie zum Beispiel Schmerzen und Immobilität.

Dies erfolgt in der Pflegeanamnese, in der wir pflegerisch relevante Informationen abfragen. Wir legen gemeinsam mit dem Patienten Ziele fest, die wir erreichen wollen: Um das, was gesund ist, zu erhalten und das, was krank ist, zu kurieren. Bei einer Wunde legen wir nicht nur einen neuen Verband an. Wir beobachten den Verlauf der Heilung, wählen gemeinsam mit Ärzten und auf Wundmanagement spezialisierten Pflegefachkräften die geeigneten Maßnahmen aus. Zudem werden weitere zentrale Aspekte in die Pflege miteinbezogen. Zu diesen gehören neben den genannten »Sich bewegen« und »Essen und Trinken« unter anderem auch »Atmen«. Diese Teilaspekte, die das Leben eines Menschen ausmachen, können im Zuge einer Krankheit eine Einschränkung erfahren. Unsere Aufgabe als Pflegekräfte ist es, diese Bereiche zu fördern und zu erhalten und gleichzeitig die Therapie zu unterstützen, die versucht, Verletzungen oder Einschränkungen eben dieser Bereiche des Lebens wiederherzustellen.

Das vorherrschende Bild einer steilen Hierarchie, in der der Arzt die Richtung im Alleingang vorgibt und die Pflegenden stumm folgen, hat mit der Realität wenig zu tun. Der Arzt trägt die Verantwortung für die Diagnostik und Therapie und wirkt zudem im Rahmen der Versorgung nach dem Krankenhausaufenthalt mit. Pflegende haben ihre eigenen Kompetenzbereiche bei der Planung und Durchführung der pflegerischen Maßnahmen. Letztendlich kann die Arbeit im Krankenhaus nur im Team gelingen und zwar auf Augenhöhe. Der Arzt ist in bestimmten Dingen weisungsbefugt, ohne seine Anordnung können wir Pflegekräfte bestimmte Maßnahmen nicht durchführen. Trotzdem beruhen Diagnosen und Therapieentscheidungen in wesentlichen Bereichen auf den Beobachtungen von Pflegekräften.

Auch das Fernsehen trägt seinen Teil zu diesem Bild bei. Wie oft habe ich in Serien oder Filmen gesehen, dass die »Krankenschwester« einem Arzt, meistens einem Mann, hinterherrennt und Kaffee kocht. Das ist nicht nur sexistisch, sondern reduziert einen anspruchsvollen Beruf auf plumpe Klischees. Wie wollen wir für mehr Respekt kämpfen, für bessere Arbeitsbedingungen und höhere Löhne, wenn wir nicht deutlich machen, was Pflegekräfte tatsächlich leisten? Menschen haben Respekt vor diesem Job, weil nach außen gedrungen ist, dass er nicht einfach ist, doch nicht aus Achtung vor den Herausforderungen, die wir Tag für Tag bewältigen, sondern aus Mitleid. Das hilft nicht, Aufklärung schon, denn durch ein anderes Bild der Pflege kann es vielleicht gelingen, mehr Menschen für diesen Beruf zu begeistern und das Ansehen des Berufes in der Gesellschaft zu stärken.

Wir Pflegekräfte sind ein unerlässlicher Bestandteil des Systems Krankenhaus. Wir müssen das Ganze im Blick behalten, beispielsweise wenn ein Patient hauptsächlich im Bett liegt, weil er nicht laufen kann. Dabei kann es passieren, dass nicht mehr alle Areale seiner Lunge belüftet werden. Durch die hohe Anzahl an Keimen im Krankenhaus steigt die Gefahr, dass sich in eben diesen unbelüfteten Lungenarealen Krankheitserreger ausbreiten und sich daraufhin eine Lungenentzündung entwickelt. Außerdem kann sich durch die nicht vorhandene Bewegung ein verlangsamter Rückfluss des Blutes ergeben, wobei der Patient Gefahr läuft, eine Thrombose zu bekommen und infolgedessen eine lebensbedrohliche Lungenembolie zu erleiden. Die meisten Menschen, die einmal in einem Krankenhaus waren, kennen die ungeliebten und umgangssprachlich als »Anti-Thrombose-Spritzen« bezeichneten Heparin-Injektionen, welche die Gerinnbarkeit des Blutes verringern und somit den genannten Komplikationen vorbeugen.

Auch im Zuge dieses Prozesses wird die sich gegenseitig ergänzende Arbeit von Ärzten und Pflegekräften gut sichtbar, denn neben der Veränderung der Gerinnbarkeit spielt die Förderung der Bewegung eine entscheidende Rolle. Deshalb muss ich im Rahmen der Thrombose-Prophylaxe dafür sorgen, dass durch Bewegungsförderung und durch mehr Mobilität der Rückfluss des Blutes gefördert wird. Ich erinnere den Patienten zum Beispiel daran, sich die Füße zu vertreten, mal ein Stück über den Flur zu gehen und ich unterstütze ihn bei der Bewegung im Bett. Bei der Dekubitus-Prophylaxe, die darauf abzielt, zu lange Druckeinwirkungen und damit die Entstehung von Druckgeschwüren zu vermeiden, mache ich den Patienten darauf aufmerksam, sich regelmäßig zu drehen und unterstütze diejenigen Patienten, die das nicht mehr selbstständig können. Die ganzheitliche Betreuung des Patienten steht also im Mittelpunkt der Arbeit und die Teamarbeit ist dabei der Schlüssel zum Erfolg. Denn wir als Pflegekräfte sind auf die Anordnungen des Arztes angewiesen, um Injektionen durchzuführen und gleichzeitig hängt der Therapieerfolg zu einem großen Teil von unseren prophylaktischen Maßnahmen wie der Bewegungsförderung ab.

Ein weiterer wesentlicher Bestandteil der pflegerischen Versorgung ist das Gespräch mit dem Patienten. Die Entstehung von Krankheiten hat häufig mit Umgebungsfaktoren zu tun. Dabei spielen Ernährung, Bewegung, Stress und viele weitere Aspekte eine Rolle. Der Fokus bei der Behandlung des Patienten liegt auf seiner Erkrankung, denn er befindet sich in einer akuten Phase, in der zunächst die Krankheit bekämpft werden muss, um schwerwiegende Folgen abzuwenden. Doch es ist auch von zentraler Bedeutung, mögliche Ursachen und begünstigende Faktoren zu beleuchten und den Patienten zu beraten, wie er Komplikationen vermeiden und im Alltag mit den Folgen seiner Erkrankung umgehen kann. Immer mehr Patienten leiden an chronischen Erkrankungen, wie beispielsweise Diabetes mellitus oder Bluthochdruck. Das bedeutet stets eine Umstellung des alltäglichen Lebens und wirkt sich sowohl physisch als auch psychisch auf den Menschen aus. Die Pflegenden leiten Patienten unter anderem dazu an, sich selbst Insulin zu injizieren oder zeigen Möglichkeiten auf, mit einer Bewegungseinschränkung in der eigenen Wohnung ohne Sturzgefahr zurechtzukommen. Ziel ist es vor allem, die Eigenständigkeit des Patienten zu fördern, den Körper so zu stärken, dass er Erkrankungen besser bewältigen kann. Das geht nicht mit der Brechstange. Es ergibt keinen Sinn, den Patienten zu etwas zu drängen, was nicht von ihm selbst ausgeht. Nicht ohne Grund liegt in der Ausbildung ein Schwerpunkt auf der Kommunikation in der Beratung und Anleitung des Patienten.

Im Gespräch mit dem Patienten ist es wichtig, ihm zu vermitteln, dass er über alles, was ihn beschäftigt, frei sprechen kann, ohne dass es bewertet wird. Dabei versuche ich, die Gründe für seine Lebensführung herauszufinden, zu verstehen, warum er sich so verhält, wie er sich verhält. Auch wenn es nicht immer einfach ist, ist es von zentraler Bedeutung, sich in den Patienten hineinzuversetzen, sich aber auch über die Grenzen dessen im Klaren zu sein. Denn ohne Frage weiß ich nicht, wie es sich anfühlt, an Krebs erkrankt zu sein. Aber ich kann dem Patienten Möglichkeiten aufzeigen und ihm Unterstützung anbieten und er kann darüber entscheiden, ob er diese annehmen möchte. Es ist nicht nur bedeutsam, die Eigenständigkeit des Patienten zu fördern, sondern sie zu akzeptieren. Viel zu oft setzt jeder spezifische Ziele für den Patienten: Ärzte, Angehörige und auch Pflegekräfte. Dabei sollte der Wille des Patienten im Mittelpunkt stehen und alle Planungen und Maßnahmen sollten Zielsetzungen im Sinne des Patienten verfolgen. Auch wenn es für die Behandelnden oder die Angehörigen manchmal schwer ist, loszulassen und davon abzurücken, noch eine Therapie zu wagen, liegt die Entscheidung letztendlich, sofern er noch selbst bestimmen kann, bei dem Patienten.

Ich habe es gelegentlich selbst erlebt, dass nahe Angehörige etwas Gutes bewirken wollten, jedoch der Wille und damit auch das Wohl des Patienten dabei auf der Strecke blieb. Es gab Situationen, in denen die Patienten klar signalisierten, dass sie keine Therapie mehr wünschten, um die verbleibende Zeit zu nutzen anstatt den Rest ihres Lebens unter der Chemo-Therapie zu leiden. Doch die Angehörigen konnten nicht loslassen. Sie versuchten, Überzeugungsarbeit zu leisten, schlugen vor, einen letzten Therapieversuch zu wagen und klammerten sich an die Hoffnung, dass ihr Angehöriger damit ein wenig mehr Lebenszeit erhält.

Für uns Pflegekräfte geht es also nicht darum, einen Plan für uns zu entwickeln. Vielmehr stellen wir den Patienten und seinen Willen in den Mittelpunkt, um auf Basis dessen einen Plan zu gestalten, der für ihn geeignet ist. Pflege ist demnach mehr als episodenhaftes Unterstützen, es erfordert die Fähigkeiten, mitzudenken, sich einzulassen und diesen vielschichtigen Prozess immer neu zu denken. Der Plan muss individuell sein, da jeder Patient anders ist. Jeder hat seine eigenen Probleme, seine eigene Geschichte: Wie ist der Patient hierhin gekommen? Was hat ihn bis hierher geführt? Krankheiten können aus dem Nichts entstehen, aber auch durch bestimmte Einflüsse und Risiken begünstigt werden, wie etwa schlechte Ernährung, Bewegungsmangel oder Rauchen. Oft habe ich erlebt, wie Menschen mit schweren Lungen- und Atemwegserkrankungen kaum noch genug Luft bekommen haben, um den Weg ins Bad zu meistern, und dennoch nicht ihren Drang zu Rauchen besiegen konnten. Es ist nicht unsere Aufgabe, zu bewerten, wie groß der Eigenanteil des Patienten an der Entstehung der Krankheit ist. Das steht uns nicht zu. Wir unterstützen, beraten und leiten an, um Patienten einen Weg aus der Krise aufzuzeigen, sofern sie diesen beschreiten möchten.

Wir lernen in der Ausbildung, wie es möglich ist, gute Gespräche zu führen, wie wir dem Patienten eine Umgebung schaffen, in der er sich entfalten kann, erzählen kann, was ihn wirklich bewegt, vor welchen Problemen er steht. Es erfordert Fingerspitzengefühl, dem Patienten zu vermitteln, dass er sich öffnen kann. Dabei muss auch ich mich öffnen und genügend Zeit finden. Genau das geht im derzeitigen System leider viel zu oft verloren. Vertrauen zu schaffen und eine Beziehung aufzubauen, ist nicht immer einfach und man erlernt es sicher nicht, wenn man Fachbücher wälzt. Entscheidend sind Erfahrungswissen und die berufliche Praxis. Eine kommunikative Art und Empathievermögen sind ohne Frage unbedingte Voraussetzungen für eine Pflegekraft.

Neben der Beobachtungsgabe für Veränderungen des Patienten und neben den pflegetechnischen Fertigkeiten ist die Fähigkeit zu kommunizieren der essentiellste Baustein des pflegerischen Handelns. Ich empfinde es als sehr hilfreich, die Kommunikation anhand von bestimmten Kommunikationsmodellen analysieren zu können und damit einen anderen Blick auf das zu bekommen, was der andere sagt. So ist es beispielsweise wichtig zu hinterfragen, ob das, was der Patient sagt, zu seiner Mimik und Gestik passt. Denn wenn Unstimmigkeiten zu beobachten sind, ist dies häufig ein Zeichen dafür, dass mehr dahinter steckt. Möglicherweise kann der Patient über etwas noch nicht sprechen oder er weiß nicht, wie er dies tun soll.

Am Anfang der Ausbildung fühlt sich der erste Kontakt mit den Patienten wie ein Sprung ins kalte Wasser an. Schon früh wurde ich mit Sätzen wie »Ich möchte einfach nicht mehr leben« konfrontiert. Dabei waren es oft keine schwerkranken Menschen, die sich in der letzten Phase ihres Lebens befanden, die diese Sätze sagten, sondern häufig alte und einsame Menschen, die aus unterschiedlichen Gründen ihren Antrieb und ihre Lebenslust verloren haben. Wie reagiert man auf so etwas? Welche Worte wählt man? Mit einem banalen »Ach, Quatsch« kann man dem Patienten sicher nicht begegnen. Man kann auch nicht immer eine Lösung präsentieren. Manchmal muss man einfach nur da sein, dem Patienten die Möglichkeit bieten, über all seine Gefühle und Ängste offen zu sprechen. Es gibt kein Patentrezept, mit dem sich jede Situation gut bewältigen lässt. Oft gelange ich in Situationen, in denen ich gerne helfen würde, in denen ich mit den Patienten sprechen möchte, um auf ihre Gefühle einzugehen und gemeinsam nach Auswegen zu suchen oder eben einfach nur da sein möchte. Aber aufgrund der mangelnden Zeit ist es schlicht und ergreifend einfach nicht möglich, diese Situation angemessen zu bewältigen.

Im praktischen Alltag gehört zu den Kernaufgaben der Pflege auch die Körperpflege. Sie ist wahrscheinlich die Tätigkeit, die am ehesten mit der beruflichen Pflege assoziiert wird und dabei zunächst simpler klingt, als sie tatsächlich ist. Nicht nur, weil sie Überwindung kostet und am Anfang eine persönliche Distanz vorherrscht, wenn zum Beispiel der Intimbereich eines Patienten gepflegt werden soll. Zu Beginn meiner Ausbildung dachte ich, dass mich das am meisten Überwindung kosten wird. Viele werden vielleicht denken, dass es ja letztendlich nicht so schwer sein kann, einen Waschlappen zu halten und über den Rücken eines Menschen zu wischen. Doch Körperpflege ist weit mehr als das. Als es in der Ausbildung soweit war, merkte ich, dass diese Situationen etwas Besonderes sind. Dort ist jemand, der zumindest zum Teil von mir abhängig ist, der mir sein Vertrauen schenkt. Das bringt die Verantwortung mit sich, dieses Vertrauen nicht zu enttäuschen. Die ersten Male war es ein merkwürdiges Gefühl. Es war sehr ungewohnt, denn man wird ja im normalen Leben in der Regel nicht damit konfrontiert, wie man einen Menschen wäscht. Über solche Themen zu sprechen, wird meist gänzlich vermieden, denn kaum jemand möchte sich mit Pflegebedürftigkeit auseinandersetzen.

Es gilt den Patienten, so gut wie möglich, vor unangenehmen Momenten zu schützen. Es beginnt schon damit, auf die richtige Raumtemperatur zu achten und den Besuch anderer Patienten herauszubitten. Bei der Körperpflege kann man immens viele Dinge beobachten, wahrnehmen und fördern. Wie äußert sich der Patient, wo benötigt er Unterstützung, wie kann ich ihm dabei helfen? Ist er heute agiler und fitter als gestern? Hat er irgendwo Schmerzen? Viele Details müssen beobachtet und erfasst werden, dazu benötigt es Zeit, Aufmerksamkeit und die nötige Kenntnis über den Körper des Menschen.

An dieser Stelle wird klar, dass das Lernen in der Ausbildung eine ganz andere Relevanz hat, als das Lernen in der allgemeinbildenden Schule. Denn wenn ich damals im Musikunterricht nicht aufgepasst habe, wie eine Moll-Tonleiter sich von einer Dur-Tonleiter unterscheidet, dann hat das in der Regel in meinem späteren Leben keine Konsequenzen gehabt. In der Ausbildung jedoch hängt von meinem Wissen und meinen Kompetenzen das Wohl eines Menschen ab. Wenn ich Symptome bemerke, zum Beispiel Schwindel und eine blasse Hautfarbe, dann muss ich das einordnen können. Ist es vielleicht ein Notfall? Wenn ja, muss ich entsprechend handeln. Die Krankenbeobachtung ist ein großer Teil unserer Arbeit, wir Pflegekräfte sind diejenigen, die den Patienten rund um die Uhr, 24 Stunden, 7 Tage in der Woche sehen. Ich muss dabei stets aufmerksam sein, denn Symptome können sich schnell verändern und der Zustand des Patienten kann sich verschlechtern. Auch wenn der Patient eben noch vital und fit erschien, kann er sich im nächsten Moment schon in einer akuten gefährlichen Situation befinden. Wenn wir diese Veränderungen nicht erkennen, bewerten, weiterleiten und zügig die entsprechenden Maßnahmen einleiten, kann dies schwerwiegende Folgen für den Patienten über Komplikationen bis hin zum Tod haben. Diese enorme Verantwortung ist mir schnell bewusst geworden. Da geht es nicht nur um irgendwelche Namen und operierte Organe, sondern um ein echtes Menschenleben. Das Leben eines oder mehrerer Menschen hängt direkt von meinem Handeln ab.

Dabei unterscheidet sich das Handeln von Bereich zu Bereich. Auf einer Normalstation, wo die Patienten in der Regel nicht akut lebensgefährdet sind, scheint die Gefahr zunächst geringer. Allerdings bleibt hier nur wenig Zeit, Veränderungen der Patienten zu erkennen. Dadurch, dass die Pflegekräfte deutlich mehr Patienten als zum Beispiel auf der Intensivstation betreuen, gilt es vor allem, den Überblick zu behalten. Wohingegen auf der Intensivstation zwar insgesamt deutlich weniger Patienten von einer Pflegekraft betreut werden, der Aufwand bei jedem Einzelnen allerdings viel höher ist und die Patienten jederzeit innerhalb von Sekunden in eine akut lebensbedrohliche Lage geraten können. Damit unterscheidet sich die Belastung für die Pflegekräfte. Die Angst, Fehler zu machen, sollte man dabei nicht haben. Das führt auf Dauer zu einer starken emotionalen Belastung sowie zu Nervosität, die weitere Fehler nach sich ziehen kann. Aber wir alle sind Menschen mit Gefühlen und sie lassen sich nicht ausblenden, besonders am Anfang nicht. Als Pflegekraft lernt man im Laufe der Zeit mit ihnen umzugehen. Wenn man auf der Intensivstation Menschen betreut, die in einer lebensbedrohlichen Situation und aus verschiedensten Gründen sehr instabil sind, ist es sehr wichtig, genau auf jeden einzelnen Schritt zu achten. Das erzeugt den Druck, wirklich nichts zu vergessen, auch wenn einem in der Ausbildung meistens jemand zur Seite steht. Mit der Routine wird man entspannter, aber man darf niemals nachlässig werden, ob auf der Normalstation oder der Intensivstation.

Begeht die Pflegekraft einen Fehler, muss sie nicht nur damit leben, sondern kann dafür auch zur Verantwortung gezogen werden. Die rechtliche Ebene nimmt im Rahmen der Ausbildung sowie im Berufsalltag eine wichtige Rolle ein. Denn wir müssen wissen, wer für welche Bereiche der Behandlung im Krankenhaus die Verantwortung trägt. Wer ordnet etwas an? Wer führt es aus? Man muss sich dieser Grundlagen im täglichen Handeln immer bewusst sein. Hinzu kommen Themen wie Schweigepflicht: Wer darf wem welche Auskunft erteilen? Ebenso gilt es sich mit der eigenen Ausbildungsordnung und dem eigenen Berufsbild auseinanderzusetzen. Man trägt Verantwortung gegenüber seinen Aufgaben, den Menschen, sich selbst und seinem Gewissen. Dazu gehört, sich nicht nur in der Ausbildung, sondern auch im täglichen Umgang mit den Patienten immer wieder ethische Fragen zu stellen und sein Handeln stets an seinen Werten und Prinzipien auszurichten. In der Praxis müssen wir der Anwalt des Patienten sein. Wir sind kein stillschweigender Teil des Krankenhauses, der seine Arbeit ausführt. Wir haben ein eigenes Gewissen und tragen die Verantwortung für unsere Entscheidungen. Wie bereits angedeutet, befinden sich das Therapieziel oder die Ziele der Angehörigen nicht immer im Einklang mit den Bedürfnissen des Patienten. Unsere Aufgabe ist es, an diesen Stellen zu vermitteln und uns für den Patienten einzusetzen.

Insofern ist die eigene Haltung von besonderer Bedeutung und es ist wichtig, dass wir als eigenständige Pflegekräfte angesehen werden, die dem Arzt sagen können und müssen, wenn etwas nicht geht, wenn der Patient etwas nicht will. Damit fungieren wir als Anwalt des Patienten. Dies ist kein Vorwurf an die Ärzte. Sie betreuen noch viel mehr Patienten, als es eine Pflegekraft tut. Allerdings fehlt dadurch meist der intensive Kontakt zu den Patienten und aus diesem Grund kennen die Pflegekräfte die Interessen des Patienten oft besser. In manchen Fällen versteht der Patient gar nicht, was der Arzt ihm vermitteln will, da durch die Fachsprache nicht selten eine Distanz vorherrscht. So bilden die Pflegekräfte eine Schnittstelle zwischen Arzt und Patient.

Die Pflege hat zudem eine soziale Bedeutung. Pflegekräfte sind auf emotionaler Ebene für den Menschen da, gerade in Bereichen wie der ambulanten Pflege sind wir manchmal die einzigen sozialen Kontakte der Patienten. Es gibt viele einsame Menschen, die keine Kinder haben oder deren Kinder sehr weit weg wohnen, der Mann ist möglicherweise bereits verstorben, Kontakt zu Freunden besteht nur wenig oder keiner mehr. In Zukunft wird die Zahl dieser Menschen weiter ansteigen und immer mehr einsame oder auf sich allein gestellte Menschen brauchen zuweilen Betreuung, da auch die Beziehungen zwischen Menschen sich gewandelt haben. Pflegekräfte können keine nahen Angehörigen oder einen Freund ersetzen, es muss ein Mittelweg zwischen Nähe und Distanz gefunden werden, der die professionelle Ebene nicht durchbricht.

Wie schon angedeutet, erlauben wir uns bei unserer Arbeit kein Urteil über die Menschen, die auf unsere Hilfe angewiesen sind. Wir müssen alle, ganz egal ob Straftäter oder Friedensnobelpreisträger, gleichbehandeln. Ich habe schon Patienten betreut, die rechtsextrem gesinnt waren oder rassistische Einstellungen hatten. Das ist alles andere als einfach, aber es darf keinen Einfluss auf die Qualität meiner Arbeit haben.

Genauso, wie es unangenehme Patienten gibt, trifft man auch auf Patienten, die man noch Jahre später in Erinnerung behält. Einmal habe ich mich länger mit einer Frau, die bereits über neunzig Jahre alt war, bei der Körperpflege unterhalten. Sie erzählte mir von ihrer Jugendzeit, die vor allem durch den Schrecken des Zweiten Weltkrieges geprägt war. Ihre Heimatstadt Berlin ist zu großen Teilen zerstört worden. Als Jugendliche erfuhr sie in den letzten Tagen des Krieges vom Tod guter Freunde und entdeckte selbst einige ihr nahestehende Menschen unter den Trümmern. Sie erzählte diese Dinge so eindrücklich, dass ich eine Gänsehaut bekam.

Ich konnte sehen, dass sie genau in diesem Moment wieder sehr nah an den damaligen Ereignissen war und ich wusste nicht so recht, wie ich damit umgehen sollte. Auf der einen Seite berührte mich die Geschichte sehr, auf der anderen Seite merkte ich, wie sehr ihre Erinnerungen sie ergriffen. Es tat ihr offensichtlich gut, mit mir zu sprechen. Viele Menschen behalten solche Gefühle und Erlebnisse lange für sich oder offenbaren sie nur sehr eingeschränkt. Wir Pflegekräfte sind manchmal diejenigen, die die Möglichkeit bieten, von alten Erinnerungen zu berichten und solche Erfahrungen zu teilen. Wir sollten dabei nicht einfach nur da sein, sondern zuhören und verstehen. Es sind häufig diese alten Geschichten, die für mich wertvoller sind, als die schwarz-weiß Dokus aus dem Geschichtsunterricht. Es fühlt sich irreal an, was für Erfahrungen Menschen damals in meinem Alter gemacht haben. Man kann sich kaum vorstellen, wenn man heute durch die Städte geht, wie überall Fahnen mit Hakenkreuzen hingen, die Massen Ihre Arme zum Hitlergruß streckten und welches unsägliche Leid Millionen von Menschen erfahren mussten. Aber man kann es sich durch solche Zeitzeugen besser vorstellen. Man kann zum fünften Mal den Nationalsozialismus im Geschichtsunterricht durchkauen, aber wenn die Geschichte zu einem kommt, wird sie greifbar. Das erweitert den Horizont und man kann aus der Erfahrung anderer für das eigene Leben lernen.

Der Beruf gewährt mir täglich Einblick in die verschiedensten Lebensweisen von Menschen. Es ist wichtig zu lernen, mit jedem Menschen in jeder Situation kommunizieren zu können. Das ist etwas, was ich aus dieser Ausbildung für mein Leben mitnehmen werde. Man begegnet jungen und alten Menschen, reichen und armen und Menschen unterschiedlichster Herkunft. Man begegnet dem Obdachlosen, der Erfrierungen erlitten hat, der Mutter, die gerade ihr Kind entbunden hat, dem alkoholisierten Mann, dem Kind, das beinahe ertrunken wäre, oder dem Geschäftsmann, der einen eingewachsenen Zehennagel hat. Das sind Erfahrungen, die nicht nur für den Beruf als solchen, sondern für das Leben bereichernd sind. Auch wenn sich die Krankenhaustüren nach Feierabend hinter mir schließen, gibt es ab und an etwas, dass ich in mein privates Leben mitnehme. An manchen Tagen denke ich noch einige Zeit über einen Patienten oder ein Schicksal nach. Ich glaube, es ist wichtig, für sich einen Weg zu finden, die Dinge, die passieren, zu verarbeiten und zu akzeptieren. Zu akzeptieren, dass nicht jedem geholfen werden kann und dass der Tod zum Leben dazugehört.

Im Krankenhaus gehört der Tod zum Alltag. Auch wenn dieser nie wirklich Alltag sein kann. Vor allem nicht für die Angehörigen und die Patienten selbst. Der Tod ist nicht selten ein plötzlicher Schicksalsschlag, der das Leben einer Familie oder eines Freundeskreises komplett aus den Fugen geraten lässt. Dann zeigt sich, dass Leistungen von uns Pflegekräften erbracht werden, die über das rein körperliche, wie Medikamente zu injizieren oder bei der Körperpflege zu unterstützen, hinausgehen. Wir begleiten Menschen auf dem letzten Weg ihres Lebens. Stelle ich mir vor, in den letzten Stunden meines Lebens allein zu sein, ist das eine unglaublich grausame Vorstellung. Die meisten Menschen wünschen sich eine Hand, die Wärme und Nächstenliebe spendet. Selbst für diese so wichtige Aufgabe bleibt nicht selten zu wenig Zeit. Dabei erwachsen aus diesen tiefgreifenden Erfahrungen neue positive Einstellungen. Man lernt das Leben auf eine andere Weise zu sehen, in einem neuen Licht. Man lernt es zu schätzen.

Ich sehe Menschen, die schwer erkrankt sind, manchmal auch sehr junge Menschen, und muss akzeptieren, dass sie sterben. Ich sehe Menschen, die nur noch wegen der heutigen technischen Möglichkeiten leben. Aber was ist das für ein Leben? Zum Leben gehört schmecken, riechen, fühlen, sich unterhalten, auf dem Weg zur Arbeit seine Lieblingsmusik zu hören, gemeinsam zu feiern, sich über den Nachbarn aufzuregen, zu lieben und geliebt zu werden. Ich bin dankbar, dass ich das kann. Und trotz all des Stresses und der negativen Seiten sieht man auch Erfolge. An ihnen muss man sich festhalten. Ich erinnere mich an einen Patienten, der sehr instabil war und es war unklar, ob er überleben wird. Es war dann ein unglaublicher Anblick für mich, als ich ihn nach einigen Wochen gehend auf der Station wiedergetroffen habe. Ich dachte an den Moment zurück, in dem er noch durch Beatmungsmaschinen und Perfusoren am Leben gehalten wurde. Das war das erste Mal, dass mir wirklich bewusst wurde, welchen Einfluss unsere Arbeit tatsächlich haben kann.

Die anfangs aufgeworfene Frage, ob jeder pflegen kann, ist also eindeutig zu verneinen. Pflegen kann nicht jeder. Zumindest nicht auf einer professionellen Ebene. Zweifellos sollte man als Pflegekraft empathisch sein, ohne Frage sollte man seine Arbeit mit Herz machen. Aber man sollte seine Arbeit eben auch mit dem Kopf machen. Es hilft dem Patienten nicht, wenn die Pflegekraft, die ihn betreut, einfühlsam und herzlich ist, aber nicht erkennt, dass er sich in einer lebensgefährlichen Situation befindet. Ich kann diesen Satz einfach nicht mehr hören: »Hauptsache man ist mit dem Herzen dabei«. Dieses Bild in unserer Gesellschaft von der Pflege ist inakzeptabel. Der Pflegeberuf erfordert ein hohes Kompetenzniveau in den unterschiedlichsten Bereichen. Ich benötige ein enormes Fachwissen und muss darüber hinaus sozial, methodisch, als auch persönlich eine Menge an Fähigkeiten vorweisen, um angemessen handeln zu können. Wir Pflegekräfte tragen die Verantwortung für Menschenleben. Fehler können Leben verändern und im schlimmsten Fall sogar beenden.

Ich bin froh, den Schritt gewagt zu haben, diese Ausbildung zu absolvieren. Weil ich mich emotional, körperlich und auch kognitiv einbringen kann, weil ich helfen kann, weil der Beruf abwechslungsreich ist, weil ich in der Pflege das Leben in seiner ganzen Bandbreite sehe. Weil ich auch für mein eigenes Leben viel gelernt habe, weil ich das Leben so immer als fragiles Konstrukt sehe und es mehr zu schätzen weiß.

KAPITEL 2

PFLEGENOTSTAND

Es ist dieses Wort, das in der letzten Zeit immer wieder fällt: Pflegenotstand. Doch was steckt eigentlich dahinter, was macht diesen Notstand aus? Und wie wirkt er sich auf die Patienten und das Personal aus? Der Pflegenotstand ist in erster Linie mit dem Mangel an qualifizierten Pflegefachkräften in der Versorgung von Patienten verknüpft. Es handelt sich jedoch um ein Zusammenspiel vieler Faktoren, die sich gegenseitig bedingen. Damit verbunden sind negative Folgen sowohl für die Patienten als auch für die Pflegekräfte. Genaue Zahlen, wie viele Pflegekräfte tatsächlich fehlen, lassen sich nur schwer ausmachen. In den Pflegeberufen fehlen laut der Gewerkschaft ver.di über 140 000 qualifizierte Arbeitskräfte. 80 000 zusätzliche Fachkräfte werden in der Krankenpflege, 63 000 Fachkräfte in der Altenpflege benötigt.[18] Und das sind nur diejenigen, die gegenwärtig fehlen. Dieser Mangel wird sich in naher Zukunft noch massiv verschärfen.

Trotzdem ist es schon jetzt eine unglaublich hohe Zahl. Doch was bedeuten diese abstrakten Zahlen konkret? Was hat es für Folgen, wenn ein so eklatanter Mangel an Fachkräften besteht? Auch in anderen Branchen herrscht Fachkräftemangel, es fehlen Facharbeiter und Handwerker, Führungskräfte, Techniker, IT-Fachkräfte und Ingenieure. Was passiert, wenn das Fließband stillstehen muss, weil nicht genügend Arbeitskräfte vorhanden sind? Wenn ein Unternehmen einen Auftrag nicht entgegennehmen kann? Dann hat das negative Folgen, beispielsweise Umsatzeinbußen oder einen Wettbewerbsnachteil. Die Qualität wird zuweilen geringer, die Wirtschaftskraft lässt nach und damit auch die Exporte. Was passiert aber, wenn das Uhrwerk Krankenhaus stillsteht? Es darf nicht stillstehen, es läuft immer weiter, egal wie viel Personal zur Verfügung steht. Es ist nun mal ein Unterschied, ob ein Auto einen Monat später ausgeliefert wird oder ob ein Mensch durch einen Herzinfarkt in akuter Lebensgefahr schwebt und ihm die dringend nötige Hilfe verwehrt wird. Dann zählt jede Sekunde. Und jeder materielle Wert verliert an Bedeutung. In einem solchem Moment ist es völlig egal, ob ich eine teure Villa besitze oder nur eine Einzimmerwohnung. Ob ich meine beruflichen Ziele erreicht habe, ob ich ein gutverdienender Manager bin oder gerade so über die Runden komme. Die Schmerzen und meine Sorgen stehen im Vordergrund und ich möchte, dass mein Leiden aufhört, dass ich richtig behandelt werde und keine Komplikationen erleide, durch die ich nachhaltig geschädigt werde oder welche ich im schlimmsten Fall mit meinem Leben bezahlen muss. Es macht einen Unterschied, ob Fachkräfte in der Industrie fehlen oder eben in der Pflege. Ein pflegebedürftiger Mensch kann nicht aufgeschoben werden, er kann nicht unbegrenzt auf Hilfe und Unterstützung warten.

Wenn Fachkräfte in der Pflege fehlen, bedeutet das, dass die vorhandenen Fachkräfte mehr Arbeit zu leisten haben, mehr Patienten betreuen müssen. Doch wie viele sind das eigentlich? Und um wie viele Patienten kann sich eine Pflegekraft während einer Schicht kümmern? Zwei, vier oder gar zehn? Ob sie es kann oder nicht: Eine Pflegefachkraft in Deutschland ist in ihrer Schicht für durchschnittlich 13 Patienten verantwortlich.[19] Als Durchschnitt liefert dieser Wert nur einen Anhaltspunkt, es gibt sowohl deutliche Abweichungen nach oben als auch nach unten. Die Zahlen belegt die internationale Pflege-Vergleichsstudie Registered Nurse Forecasting (kurz: RN4Cast-Studie) aus dem Jahr 2012, die aufgrund der kaum veränderten Lage noch immer Gültigkeit besitzt. Sie zeigt, dass Deutschland damit ein Spitzenreiter im negativen Sinne ist. Zum Vergleich: In den zwölf weiteren untersuchten, vergleichbaren Staaten betreut eine Pflegekraft zum Teil deutlich weniger Patienten, wie zum Beispiel in Norwegen. Dort ist eine Pflegekraft für nur 5,4 Patienten im Durchschnitt verantwortlich.[20] Doch was heißt das jetzt konkret, wie wirkt sich dieser Mangel in der Praxis aus? Wer nicht in der Pflege arbeitet oder im täglichen Kontakt mit Patienten im Krankenhaus steht, der hat vielleicht nur eine sehr vage Vorstellung davon, was es bedeutet, ob man fünf, zehn oder sogar zwanzig Patienten innerhalb von einer Schicht versorgen muss.

Für die Qualität der Pflege spielt es eine entscheidende Rolle, wie es den Pflegekräften ergeht. Denn der Personalmangel hat nicht nur einen Effekt auf die Gesundheit der Patienten, sondern auch auf die des Personals. Das Pflegepersonal ist eine der Hochrisikogruppen für arbeitsbedingte Belastungen. In Deutschland gibt es etwa 1,7 Millionen Gesundheits- und Krankenpfleger und weitere 600 000 Altenpfleger.[21] Seit Jahren bestätigen unterschiedliche Krankenkassen in ihren Berichten, dass Kranken- und Altenpfleger im Gegensatz zu den anderen Arbeitnehmern am häufigsten krank sind. Auch im aktuellen BKK-Gesundheitsatlas ist zu lesen: »Bei den medizinischen Gesundheitsberufen sind es die Beschäftigten der Gesundheits- und Krankenpflege die mit durchschnittlich 19,3 AU-Tagen je Beschäftigten die meisten Fehlzeiten aufweisen. Noch höhere Fehlzeiten finden sich bei den nichtmedizinischen Gesundheitsberufen unter den Beschäftigten der Altenpflege (24,1 AU-Tage). Die Fehlzeiten beider Berufsgruppen liegen deutlich über dem Bundesdurchschnittswert (16,1 AU-Tage).«[22] Als Gründe für die Fehlzeiten stehen an allererster Stelle psychische Belastungen, gefolgt von Muskel-Skelett-Erkrankungen. Keine Berufsgruppe lässt sich häufiger und länger wegen psychischer Beanspruchung krankschreiben als Kranken- und Altenpflegekräfte. Was aber macht diese Arbeit so beschwerlich? Anhand eines exemplarischen Tagesablaufes, wie ihn viele Pflegekräfte in ganz Deutschland erleben dürften, versuche ich, die Zahl »13« zu verbildlichen, eine reale Vorstellung davon zu ermöglichen.

Morgens beginnt die Schicht mit der Übergabe, die Pflegekraft der vorherigen Schicht gibt alle nötigen Informationen über die Patienten an die Pflegekraft, die nun übernimmt, weiter. Bei einem Durchschnitt von 13 zu 1 in Deutschland muss ich mir als Pflegekraft dreizehn Gesichter merken, dreizehn Namen und um den Patienten individuell im Sinne der Ganzheitlichkeit angemessen pflegen zu können, muss ich auch dreizehn persönliche Hintergründe kennen, wie die einzelnen Krankheitsgeschichten. Jeden Morgen lernt also jede Pflegekraft in Deutschland im Durchschnitt dreizehn neue Menschen kennen. Manchmal auch dreizehn unterschiedliche Erkrankungen und Vorerkrankungen. Der eine

Patient hat zum Beispiel Diabetes mellitus und ich muss zum einen auf einen stabilen Blutzucker achten, zum anderen auf bestimmte Aspekte in der Körperpflege, welche durch seine chronische Erkrankung beeinflusst sind. Eine andere Patientin hat vielleicht Bluthochdruck und Herzrhythmusstörungen. Gerade Patienten mit vielen Nebenerkrankungen benötigen eine besonders wachsame Beobachtung. Ein weiterer Patient, den ich betreue, hat möglicherweise zusätzlich zu seiner Erkrankung, weshalb er gerade auf meiner Station behandelt wird, noch eine onkologische Erkrankung und muss sich daher einer Chemotherapie unterziehen. Der nächste Patient ist vielleicht psychisch schwer belastet, hat Depressionen oder eine dementielle Erkrankung. Immer mehr Patienten im Krankenhaus leiden neben somatischen, also körperlichen Erkrankungen, auch unter psychischen Erkrankungen. Dabei spielt vor allem Demenz eine große Rolle.

Für demenzerkrankte Patienten bedeutet die Behandlung im Krankenhaus einen enormen Einschnitt in ihr tägliches Leben, wodurch die meist ohnehin schon schwierige Orientierung zusätzlich eingeschränkt wird. Die Reaktionen darauf können sehr unterschiedlich sein. Viele Patienten haben den Drang, das Krankenhaus schnellstmöglich zu verlassen, manche werden gelegentlich auch aggressiv. Das fordert mich als Pflegekraft in einem besonderen Maße, denn solche Patienten benötigen eine umfangreiche und höchst individuelle Pflege, für die meist zu wenig Zeit vorhanden ist. All das muss ich berücksichtigen und ich muss stets wissen, wenn eine Kollegin mir Bescheid gibt, dass etwa Frau Meier starke Schmerzen im Unterbauch hat, wer das ist, was für Medikamente die Patientin einnimmt, ob sie vielleicht gerade eine OP hatte oder aufgrund einer ganz anderen Erkrankung hier ist.

Tagtäglich muss jede Pflegekraft demnach eine hohe Zahl an Informationen aufnehmen und verarbeiten. Wenn man sich die knappen zeitlichen Ressourcen im Zusammenhang mit dem enormen Umfang an Informationen und Wissen für die Versorgung vergegenwärtigt, wird zweifelsfrei deutlich, dass das in der Realität kaum zu bewältigen ist. Durch Hektik und die veraltete Organisation mit Papier und Stift kann es leicht passieren, dass Informationen verloren gehen: Allergien, Nebendiagnosen oder andere wichtige Aspekte. Das kann sich am Ende negativ für die Patienten auswirken und bedeutet für das Personal eine immense psychische Belastung.

Eine Frühschicht hat eben nur siebeneinhalb Arbeitsstunden. In dieser Zeit bin ich als Pflegekraft an zwei Übergaben beteiligt und muss der Versorgung aller Patienten nachkommen. Ich muss sie bei der Körperpflege unterstützen, sie anleiten und beraten.

Und dann durchkreuzen auch immer wieder andere Aufgaben diese Pläne, zum Beispiel wenn ein Patient in den OP muss. Dafür muss ich ihn vorbereiten: Rasieren oder seine Haare kürzen, ihn beim Umziehen unterstützen, das Bett neu beziehen, die Vitalzeichen überprüfen und bestimmte Medikamente verabreichen. Gleichzeitig bekommt ein anderer Patient vielleicht plötzlich Atemprobleme, weil er als Nebendiagnose eine chronische obstruktive Lungenerkrankung hat, eine Erkrankung, bei der sich die Atemwege kontrahieren und dadurch die Atmung extrem erschwert wird. Daraus kann eine für den Patienten äußerst gefährliche Situation entstehen, aber ich bin ja gerade bei dem Patienten, der pünktlich in den OP muss, da alles genau getaktet ist. Dann meldet sich möglicherweise ein Patient, der unverzüglich auf die Toilette begleitet werden muss, da er den Harndrang oder Stuhlgang nicht lange unterdrücken kann. Wiederum warten vielleicht bei einem anderen Patienten die Angehörigen schon eine ganze Weile auf Informationen zum Gesundheitszustand und ein anderer benötigt Medikamente gegen seine Schmerzen.

Wenn all das gleichzeitig passiert, kommt man als Pflegekraft in die Situation, in der man anfangen muss, Prioritäten zu setzen. Wem helfe ich zuerst? Wohin muss ich den Arzt als Erstes im Falle eines Notfalls schicken? Gelegentlich erleidet ein Patient auch im Krankenhaus einen Schlaganfall oder einen Herzinfarkt. Dann darf die Pflegekraft gar nicht lange überlegen, denn je früher sie hilft, desto größeren Schaden kann sie oft abwenden. Aber von dieser Situation muss sie erst einmal erfahren beziehungsweise sie erkennen, während sie gleichzeitig die Bedürfnisse aller anderen Patienten im Blick behalten muss.

Situationen wie diese sind in deutschen Kliniken an der Tagesordnung. Es ist das System, das Pflegekräfte und Patienten in solch missliche Lagen bringt. Die Patienten möchten angemessen versorgt werden und die Pflegekräfte nicht andauernd Prioritäten setzen müssen. Wer möchte solche Entscheidungen schon treffen? Einige Entscheidungen sind klarer, etwa dass Patienten mit lebensbedrohlichen Erkrankungen zuerst behandelt werden müssen. Aber es darf nicht sein, dass ein Patient es nicht mehr rechtzeitig zur Toilette schafft und sich schämt oder ein anderer Schmerzen länger ertragen muss, weil die Pflegekraft keine Zeit hat. Das ist ein katastrophaler Zustand – sowohl für den Patienten als auch für die Pflegekraft, an der das nicht spurlos vorbeigeht. Die Beluga-Studie, die sich mit der Arbeitssituation in der stationären Altenpflege beschäftigt, sieht diese ständigen Arbeitsunterbrechungen aufgrund des hohen Zeitdrucks als größte Gefahrenquelle für psychische Erkrankungen an.[23] Das kann auch auf Gesundheits- und Krankenpfleger übertragen werden. Und das europäische Forschungsprojekt NEXT (*nurses' early exit study*) veröffentlichte eine Studie, aus der hervorgeht, dass die Pflegekräfte in Deutschland einen der höchsten Werte in Bezug auf den Zeitdruck aufweisen, das heißt, sie leiden im Vergleich mit den Pflegekräften anderer Länder mit am meisten darunter.[24] Die Autoren der Studie nehmen an, dass diese Situation aufgrund der Sparmaßnahmen im Gesundheitsdienst entstanden ist, also als ein Symptom des Personalmangels zu verstehen ist.[25]

Bei dreizehn zu pflegenden Personen ist das nicht überraschend. Doch nachts ist die Situation noch dramatischer: Aus durchschnittlich dreizehn Patienten, die am Tag von einer Pflegekraft versorgt werden müssen, werden nachts zum Teil doppelt so viele. Unvorstellbar? Leider nicht. Der Nachtdienst-Check von ver.di fand heraus, dass 64 Prozent der Pflegekräfte nachts alleine auf der Station sind und nur 36 Prozent mindestens zu zweit. Sofern die Pflegekraft alleine tätig war, musste sie im Durchschnitt 26 Patienten versorgen. Aber es geht auch noch schlimmer: »Auf 14 Prozent der Normalstationen ist eine Pflegefachkraft allein für 30 bis 39 Patientinnen und Patienten zuständig und auf 4 Prozent der Stationen versorgte eine Pflegefachkraft allein 40 und mehr Patientinnen und Patienten«, so ver.di.[26]

Nachts kommen außerdem häufig neue Patienten aus der Notaufnahme, viele Patienten haben außerdem in der Nacht genauso wie tagsüber Schmerzen und vor allem demente Patienten werden häufig wach, wenn sie einen umgekehrten Tag-Nacht-Rhythmus haben. Insofern ist die Arbeit in der Nacht bei Weitem nicht so ruhig, wie man es sich vielleicht vorstellt. Dass demente Personen einen besonderen Bedarf an Pflege haben, erwähnte ich bereits, sie brauchen viel Aufmerksamkeit, der Umgang mit ihnen erfordert Geduld und Empathie. Dabei belastet nicht nur der Zeitdruck, sondern die Arbeit mit dementiell Erkrankten generell. Als Pflegekraft kann man das Verhalten dieser Patienten durch die fachlichen Hintergründe meist besser einordnen. Aber in der Praxis kann das emotional herausfordernd sein. Einmal sah eine Patientin plötzlich eine andere Person in mir, war völlig verängstigt und wurde daraufhin aggressiv. Um solche Situationen zu bewältigen, ist Einfühlungsvermögen und ein ruhiger und kontrollierter Umgang gefragt, der Zeit braucht. Und die Arbeit mit dementiellen Patienten wird nicht weniger werden, da besonders ältere Menschen an Demenz erkranken und die Menschen in Deutschland zunehmend älter werden. »Lag der Anteil der über 75-jährigen stationär behandelten Patienten im Jahr 2000 noch bei 18 Prozent, so waren es [...] 2012 bereits 25 Prozent.«[27] Das heißt für die Pflegekräfte, dass sie immer mehr ältere Menschen betreuen, die meist auf mehr Hilfe angewiesen sind. Wenn jedoch weiterhin weniger Personal als benötigt zur Verfügung steht, kann eine gute Versorgung nicht gewährleistet werden.

Der ständige innere Konflikt des Pflegepersonals führt zu einer enormen psychischen Belastung. ZEIT ONLINE und das ARD-Fernsehmagazin Report Mainz befragten dazu 3000 Pflegekräfte.[28] Antworten wie die folgenden waren dabei häufig zu hören: »Ich muss ständig mit dem Gefühl leben, dass ich den Menschen, die mir anvertraut sind, nicht gerecht werde. Ja, dass ich sie sogar gefährde, statt sie gesund zu machen.«[29] Die Hektik bei der Arbeit, der Druck schnell und dabei gut zu arbeiten, löst, wie ich eingangs schon erwähnt habe, in einem die Sorge aus, einen Fehler zu begehen. Je weniger Zeit bleibt, alles genauestens zu überprüfen, wie etwa die richtige Medikamentendosierung, desto mehr steigt das Risiko, einen Fehler zu machen. Bei Medikamenten ist generell Vorsicht und eine hohe Wachsamkeit geboten. Besonders wenn es um das Verabreichen von Medikamenten über venöse Zugänge, wie zum Beispiel einen zentralen Venenkatheter geht, dessen Spitze direkt in der Hohlvene vor dem Herzen liegt, ist die Gefahr lebensgefährlicher Komplikationen deutlich erhöht. Bei kreislaufaktiven Medikamenten können leichte Fehldosierungen einen erheblichen Einfluss haben. Das ist auch entkoppelt vom Pflegenotstand der Fall, aber der Zeitdruck gibt der inneren Anspannung, der Befürchtung, mit so etwas im Ernstfall leben zu müssen, noch eine tiefere Dimension.

Ebenfalls entkoppelt, aber Teil dieses Berufes ist es mit schweren Erkrankungen und dem Tod konfrontiert zu sein. Eine Pflegekraft sieht gerade in der Onkologie, wie Krebserkrankungen einem Menschen Schritt für Schritt all seine Lebensenergie kosten, und wenn dann die Chemotherapie hinzukommt, bringt es den Menschen häufig an den Rand des vorstellbaren Leids. Auf der Intensivstation werden Pflegekräfte ebenfalls mit Schicksalen konfrontiert, die mitunter äußerst belastend sind. Ich habe auch schon Situationen erlebt, die mir sehr nahe gegangen sind. Gerade Patienten auf der Intensivstation können sich oft noch ganz normal mit einem unterhalten und Stunden später sterben sie plötzlich an den schweren Folgen ihrer Erkrankung.

Wer diesen Beruf wählt, hat eine Ahnung davon, was auf ihn zukommt, aber erst, wenn man ihn ausübt, versteht man tatsächlich, was es bedeutet. Belastende Situationen summieren sich, ein ohnehin schwerer Job wird noch schwerer. Nach einer Reanimation oder dem Tod eines Patienten sollte man Zeit für sich haben. Das Erlebte muss reflektiert und verarbeitet werden, es muss darüber gesprochen werden. Dafür ist viel zu wenig Zeit, zum Teil auch überhaupt keine Zeit. Es geht oft einfach im hektischen Alltag unter. Manchmal habe ich das Gefühl, wie ein Roboter funktionieren zu müssen. Wir Pflegekräfte müssen noch aufmerksamer sein, noch schneller, noch effektiver und das mit dem stetigen Gefühl der Verantwortung für ein anderes Menschenleben. Das zehrt an den Kräften. Nicht nur die Psyche ist durch die Arbeit in der Pflege stark beansprucht, auch der Körper bekommt diese Belastung zu spüren.

Ein Grundstein für die körperliche Belastung stellt schon das Schichtsystem dar, das es in den Krankenhäusern gibt. Der Schichtdienst im Krankenhaus ist bei Weitem nicht so geordnet wie oft in der Industrie. Er ist mit vielen Wechseln von Spät- auf Frühschicht eine große Herausforderung. In den meisten Krankenhäusern wirkt sich das Schichtsystem damit sehr einschränkend auf das Privatleben aus. Es ist häufig keine langfristige Planung möglich, viele Pflegekräfte sind in Teilzeitbeschäftigungen angestellt, die Dienstpläne sind sehr chaotisch. Angestellte, die nur fünfzehn Stunden arbeiten, müssen ebenso in den Dienstplan eingeteilt werden, wie diejenigen, die 33,75 Stunden und andere, die 38,5 Stunden arbeiten. Hinzu kommt der wechselnde Rhythmus, einmal Frühschicht, einmal Spätschicht, auch an den Wochenenden. Die Spätschicht endet um 21 Uhr. Oft ist es so, dass ich nach Hause fahre, mich umziehe, etwas esse und um 4.30 Uhr schon wieder aufstehe und zur Frühschicht muss. Wenn man jünger ist, macht einem der Schlafmangel nicht so viel aus, aber gerade für Familien, für Mütter, für Väter, die sich morgens, abends oder nachts um ihre Kinder kümmern und dadurch noch weniger Schlaf bekommen, ist das auf Dauer besonders beschwerlich.

Hinzu kommt, dass Pflegekräfte vor allem während der Nachtschicht ihre Pause abbrechen müssen oder gar keine Zeit haben, eine zu machen. 70,6 Prozent der Befragten gaben das ver.di gegenüber an, obwohl die Pause während der Arbeitszeit gesetzlich vorgeschrieben ist.[30] Ver.di fand dabei heraus, dass keine oder eine gestörte Pause das Risiko für gefährliche Situationen im Krankenhaus begünstigt: »67,3 Prozent der Pfleger sagen, dass es eine gefährliche Situation für die Patientinnen und Patienten gegeben hat. Von den allein Arbeitenden, die eine Pause hatten, sagen das nur 39,9 Prozent.«[31] Dieser Umstand spitzt sich weiter zu, wenn man bedenkt, dass man teilweise bis zu zwölf Tage am Stück arbeiten muss. Wirklich vorstellen, wie anstrengend das ist, konnte ich es mir nicht, bevor ich selbst die Erfahrung gemacht habe. Als ich mit der Ausbildung anfing, dachte ich, wenn ich um 14 Uhr Feierabend habe, dann kann ich noch viel machen. Doch in den meisten Fällen bin ich nach einer stressigen Schicht so erschöpft, dass ich einfach keine Energie mehr habe, um noch etwas zu unternehmen. Denn die Arbeit fordert einen – nicht nur psychisch, sondern auch körperlich.

Besonders bei der Arbeit auf einer Normalstation ist es

gängig, dass man weite Wege zurückgelegt. Eine meiner Kolleginnen zählte ihre Schritte mit Hilfe eines Fitnesstrackers. An einem Tag waren es acht, am anderen zwölf Kilometer. Es gibt Pflegekräfte, die von noch mehr Kilometern berichten, die sie täglich zurücklegen. Fest steht, dass Pflegekräfte in einer Woche mehr als einen Marathonlauf absolvieren. Sportlich sind auch die anderen Tätigkeiten, die eine Pflegekraft ausführen muss. Die folgende Aufzählung der NEXT-Studie listet eine Reihe besonders belastender Tätigkeiten auf:

- Betten und Lagern von Patienten
- Umsetzen, Umlagern oder Tragen von Patienten
- Anheben von Patienten im Bett ohne Hilfsmittel
- Patienten mobilisieren
- Patienten einkleiden
- Hilfe bei der Nahrungsaufnahme
- Bettenmachen
- Schieben von Patientenbetten, Essens- oder Wäschewagen[32]

Diesen körperlichen Belastungen sind vor allem Pflegekräfte in der Altenpflege und auf den Normalstationen ausgesetzt.[33] Auch in der Ausbildung wird man gleich von Anfang an mit diesen Tätigkeiten konfrontiert. Patienten zu drehen und sie beim Aufstehen zu unterstützen, ist schwerer, als ich es mir vorgestellt hatte. Bevor wir mit Patienten arbeiteten, haben wir uns in der Ausbildung gegenseitig im Bett gelagert und bei der Mobilisation unterstützt. Das wirkte zunächst gar nicht so schwer. Denn, wenn die Patienten fitter sind und etwas mithelfen, fällt es leichter. Aber es gibt Patienten, die schwer pflegebedürftig oder durch eine Krankheit eingeschränkt sind und daher nicht mithelfen können, ihre Muskeln bleiben schlaff und die Pflegekraft muss einen Großteil des Gewichts bewegen.

Bei einer 2009 durchgeführten Befragung von 1390 Pflegekräften gab jede zweite an, innerhalb der letzten vier Wochen Beschwerden an der Lendenwirbelsäule gehabt zu haben.[34] Man erkennt es auch daran, dass Berufsunfähigkeitsversicherungen für Pflegekräfte sehr teuer sind.[35] Wenn ich das mit Freunden vergleiche, die im Büro arbeiten, zahlen diese zum Teil nur die Hälfte der Beiträge, die ich zahle. Interessant ist in diesem Zusammenhang, dass viele Pflegekräfte unter diesen Bedingungen häufig nicht bis zur Rente im Krankenhaus arbeiten: Nicht einmal zwölf Prozent des Pflegepersonals in deutschen Krankenhäusern ist über 50 Jahre alt.[36] Die körperliche Beanspruchung spielt dabei eine entscheidende Rolle sowie die vielen weiteren Faktoren, die diesen Beruf unter den aktuellen Bedingungen so belastend machen.

Die Pflegekräfte können sich die Arbeit, zumindest was das Körperliche angeht, mit Hilfsmitteln erleichtern. Diese gibt es vor allem in den Pflegeheimen, in Krankenhäusern nicht immer. Es gibt zum Beispiel Hilfen mit Griffen, an denen sich die Patienten festhalten können. Jedoch bleiben viele Mobilisationshilfen ungenutzt, auf der Normalstation etwa verwendet nur ungefähr jede zehnte Pflegekraft Hebehilfen, attestiert die NEXT-Studie.[37] Woran das liegt, sehe ich auch in meiner täglichen Arbeit. Häufig fehlt die Zeit und ich bin ein oder zwei Minuten schneller, wenn ich die Hilfen nicht erst holen und anwenden muss. Und ein bis zwei Minuten können im Krankenhausalltag äußerst wertvoll sein. Solche körperlichen Tätigkeiten, wie bei der Körperpflege oder bei der Mobilisation funktionieren wesentlich besser, wenn man zu zweit ist. Der ver.di Nachtdienst-Check berichtet nicht nur, dass eine Pause das Risiko gefährlicher Situationen minimiert, sondern auch eine zweite Pflegekraft: »[…] erst der Einsatz einer zweiten examinierten Pflegekraft brachte eine messbare Verbesserung.«[38] Meist lässt es sich einrichten, dass man bei besonders schwer zu versorgenden Menschen zu zweit arbeiten kann. Vor allem auf der Intensivstation ist das, zumindest aus meiner persönlichen Erfahrung, häufiger möglich als auf der Normalstation. Aber die Zahlen des Nachtdienst-Checks zeigen, dass das bei den nächtlichen Unterbesetzungen kaum umzusetzen ist.

Zwar tragen wir als Auszubildende noch nicht so eine hohe Verantwortung, wie die examinierten Pflegekräfte, aber wir sind für unser eigenes Handeln verantwortlich. Und neben dem Mangel an Zeit, die Patienten gut zu versorgen, mangelt es häufig auch an der Zeit, die es bräuchte, um Auszubildende umfangreich anzuleiten. Darunter leidet die Qualität der Ausbildung. Und können wir es uns leisten, die Auszubildenden, also die Pflegefachkräfte von morgen, nur lückenhaft auf den späteren Alltag vorzubereiten?

Zumindest was die theoretische Ausbildung anbelangt, zeichnet sich für mich ein anderes, positiveres Bild. Denn sie hat einen hohen Standard, sodass ich zu einem überwiegenden Teil sehr zufrieden bin. Wir erlernen fundierte Kenntnisse, die es immer weiter zu vertiefen gilt und erlangen im Verlauf der Ausbildung, vor allem im Bereich der Kommunikation, eine Vielfalt an Kompetenzen. Aber die Theorie, also der Unterricht in einer Schule, macht nur ungefähr die Hälfte der Ausbildungszeit aus. Die andere Hälfte bildet die praktische Arbeit. Gerade zu Beginn ist es nicht einfach, all das Erlernte von einem Tag auf den anderen in der Praxis umzusetzen. Das Legen eines Blasenverweilkatheters kann man vorher an einer Puppe üben, sich gegenseitig die Zähne putzen oder Verbände anlegen, aber im realen Krankenhausalltag ist die Situation meist anders als im geschützten Demo-Raum. Jeder Mensch ist anders und das betrifft nicht nur seinen Charakter, sondern auch seine Anatomie. Deshalb ist es so wichtig, dass wir einen theoretischen Hintergrund haben, dass wir wissen, was und warum wir etwas machen und dabei flexibel agieren können.

Aber das Entscheidende ist, dass genügend Zeit für eine strukturierte Praxisanleitung vorhanden ist. Dass jemand da ist, der weiß, welchen Lernstand der Auszubildende hat, was er für Voraussetzungen mitbringt, was er lernen möchte – das braucht Zeit. Beziehungsweise muss man im derzeitigen System sagen: Das kostet Zeit. Und alles, was kostet und nicht direkt abrechnungsfähig ist, wird vernachlässigt. Zehn Prozent der Ausbildungszeit muss durch geplante Praxisanleitung erfolgen.[39] Das klingt und ist tatsächlich nicht viel. Doch allein diese zehn Prozent sind, fragt man Auszubildende in der Pflege, meist schon ein weit entferntes Ziel. Dabei wäre es eine wirkliche Bereicherung, jemanden zu haben, der das eigene Handeln beurteilen und reflektieren kann und einem jederzeit mit Rat und Tat zur Seite steht. Ich möchte nach drei Jahren nicht sagen, dass ich jetzt Profi bin, was putzen, Patienten hin- und herschieben, Infusionen an- und abhängen oder waschen von Patienten angeht, sondern ich möchte eigenständig und selbstverantwortlich Patienten im Sinne des ganzheitlichen Konzepts pflegen, beraten, anleiten und in ihrem Leben unterstützen können.

Dafür müsste viel öfter eine Pflegekraft hinter dem Auszubildenden stehen und anmerken, an welcher Stelle er sich noch verbessern kann. Häufig ist es allerdings so, dass Auszubildende als Arbeitskräfte und nicht als Lernende eingesetzt werden. Sie übernehmen bereits erlernte Tätigkeiten, beispielsweise morgens bei allen Patienten die Vitalzeichen zu messen oder alle, die Hilfe benötigen, bei der Körperpflege zu unterstützen. Dabei kommt die ganzheitliche Versorgung der Patienten zu kurz. Die examinierten Pflegekräfte sind dabei nur sehr eingeschränkt handlungsfähig, weil sie alles koordinieren und umsetzen müssen und dann bekommen sie zusätzlich noch die Verantwortung für Auszubildende, Praktikanten oder diejenigen, die im Rahmen des Freiwilligen Sozialen Jahres mithelfen. Die Pflegekraft muss also wissen, was der Einzelne darf und kann, und was nicht. Das führt dazu, dass die ausgelastete oder überlastete Pflegekraft nur am Rande dem Auszubildenden ein Feedback über seine Arbeit geben kann. Sie hat keine Zeit, sich intensiv mit ihm auseinanderzusetzen. Auch das ist ein Symptom des Personalmangels und das frustriert Auszubildende. Ich gebe mir Mühe und möchte lernen, wie eine umfassende Versorgung gewährleistet wird und nicht nur einzelne Tätigkeiten. Ich möchte eine Rückmeldung zu meinen Kompetenzen, sowie eine dauerhafte Unterstützung erhalten. Das verbessert nicht nur das Kompetenzniveau, sondern auch die Selbständigkeit des Auszubildenden. Häufig wünscht man sich als Auszubildender einfach etwas mehr Begleitung, um das Gefühl zu haben, dass jemand einem zur Seite steht.

Die Lehrer geben uns eine Fülle an Möglichkeiten, an Maßnahmen und an Beobachtungskriterien mit an die Hand, aus der wir je nach Situation wählen können. Wir lernen viel über den Menschen, seine Bedürfnisse, über unsere Möglichkeiten, den Patienten zu unterstützen, zu pflegen und ihm ein gewisses Wohlbefinden zu vermitteln. Wenn ich dann in die praktische Phase gehe, möchte ich so viel wie möglich davon anwenden, auch wenn ich weiß, dass das nur sehr eingeschränkt möglich sein wird. Im Alltag verbleibe ich dann meist bei den grundlegenden Sachen, die abgearbeitet werden müssen. Doch es gibt auch ruhigere Tage, an denen neu Erlerntes umgesetzt werden kann. Tage, an denen es mehr praktische Anleitungen durch geschulte Anleiter gibt. Solche Momente sind jedoch viel zu selten, sodass viele Auszubildende zu einem frühen Zeitpunkt frustriert sind, obwohl sie mit großem Ehrgeiz und Enthusiasmus in den Pflegeberuf gestartet sind. Wenn sie ständig gegen Wände rennen, gegen die Zeit, schränkt das die Vielfalt und die Entfaltung in diesem Beruf ein. Ernüchterung wird nicht dazu beitragen, die zumeist jungen Menschen in diesem Beruf zu halten und weitere dazuzugewinnen.

Die psychische und körperliche Belastung, die Arbeitsbedingungen, die zum Teil schlechte Ausbildung, die auf den Personalmangel zurückzuführen ist, wird immer mehr Auszubildende, examinierte Pflegekräfte und auch Hilfskräfte verschrecken und verschleißen. Hinzu kommt der für diese enorme Belastung und hohe Verantwortung niedrige Lohn. In Deutschland verdienen Krankenpfleger ohne Spezialisierung im Durchschnitt 3240 Euro, Altenpfleger 2621 Euro im Monat.[40] Nur 34 Prozent der deutschen Pflegekräfte sind zufrieden mit ihrem Gehalt, in der Schweiz sind es 66 Prozent.[41] Deutschland hat die insgesamt unzufriedensten Pflegekräfte, geht aus den Befragungen der NEXT-Studie hervor.

Nur 46 Prozent sind mit ihrem Beruf zufrieden, wohingegen 85 Prozent der Pflegekräfte in Norwegen um einiges glücklicher zu sein scheinen.[42] Unzufriedenheit führt zu emotionaler Erschöpfung und davon ist ein Drittel der deutschen Pflegekräfte betroffen, ein Risikofaktor für Burnout.[43] Viele Pflegekräfte werden berufsunfähig[44] oder steigen am Ende gar ganz aus dem Beruf aus.[45] Der Personalmangel schafft sozusagen noch weiteren Personalmangel. Und das ist nicht nur für das Personal nachteilig, sondern auch für die Patienten.

Je mehr Patienten auf eine Pflegekraft kommen, desto weniger Zeit bleibt für jeden Einzelnen und desto schlechter steht es um die Qualität der Versorgung. Das ist eine logische Konsequenz, die zahlreiche Studien belegen. »Die Ergebnisse der internationalen Forschung weisen darauf hin, dass eine Erhöhung der Arbeitsbelastung und Verschlechterung der Betreuungsrelation im Pflegedienst der Krankenhäuser negative Auswirkungen auf die Ergebnisqualität haben«[46], resümierte der Hannoveraner Professor und Experte Michael Simon in seiner Studie. Der Zeitdruck bewirkt, dass Patienten nicht so versorgt werden, wie sie versorgt werden sollten. Laut der RN4Cast-Studie ließen deshalb 92,6 Prozent der Pflegekräfte in Deutschland während ihrer letzten Schicht mindestens eine von dreizehn relevanten Tätigkeiten unverrichtet.[47] Deutsche Pflegekräfte rationieren im europäischen Vergleich, nach griechischen Pflegekräften, am häufigsten notwendige Tätigkeiten, im Durchschnitt 4,7 Tätigkeiten pro Schicht.[48] Wenn es darum geht, Prioritäten zu setzen, werden als Erstes die Tätigkeiten nicht ausgeführt, die auf den ersten Blick verzichtbar erscheinen, da sie die Gesundheit des Patienten nicht akut in Gefahr bringen, wie zum Beispiel »Zuwendung und Patientengespräche« (81,5 Prozent).[49] Am seltensten vernachlässigten die Pflegekräfte »Behandlung und Prozeduren« (14,8 Prozent).[50] Die Kommunikation mit dem Patienten, der zwischenmenschliche Kontakt, erscheint unter dem Zeitdruck im Vergleich mit den anderen auszuführenden Tätigkeiten zunächst als am ehesten vernachlässigbar. Jedoch wirkt sich dieser Umstand auch negativ auf andere Bereiche, wie die Krankenbeobachtung oder das Gewinnen von Hintergrundinformationen, aus.

Jeder Patient hat individuelle Bedürfnisse. Es gibt Patienten, die noch jung und bis auf die Erkrankung, wie einen leichten Bruch oder eine kleine Operation, die sie zu uns geführt hat, relativ fit sind. Häufig hält sich bei diesen Patienten der Bedarf an Gesprächen und Zuwendung in Grenzen, da sie gut mit Familie und Freunden vernetzt sind. Anders ist es bei Patienten, die älter sind, viele Nebenerkrankungen und kein gut ausgebautes soziales Netzwerk haben. Für diese Menschen ist es essentiell, dass mit ihnen gesprochen wird, dass sie sich beachtet und aufgehoben fühlen.

Ein psychisch stabiler Mensch kann mehr verkraften und seine Krankheit meist schneller überwinden. Wenn er jedoch weder von seiner Familie, Freunden noch von uns Pflegekräften Unterstützung erfährt, fokussiert er sich auf seine Krankheit und verzögert damit den Heilungsprozess. Das heißt nicht, dass Patienten jüngeren oder mittleren Alters keine Unterstützung brauchen. Auch sie sind frustriert, schon allein, weil sie den ganzen Tag im Bett liegen müssen und merken, dass die zuständige Pflegekraft nur wenige Minuten Zeit für sie hat und in diesen dann nur die notwendigsten Aufgaben ausführt anstatt sich mit ihnen als Person oder Persönlichkeit auseinanderzusetzen. Liegt eine Frau oder ein Mann im Alter von dreißig oder vierzig Jahren im Krankenhaus, gehört meist eine Familie mit Kindern im Hintergrund dazu. Fehlt ein Elternteil, bricht oft die Organisation des ganzen Haushaltes zusammen. Wer bringt Samstag das Kind zum Fußball? Wer kümmert sich um den Besuch beim Kinderarzt? Die Frage, ob alles weiterhin gut funktioniert, belastet die meisten, und die Pflegekraft kann hierbei wegen der begrenzten Zeit kaum Hilfestellung anbieten.

Auch körperliche Unterstützung ist manchmal bei diesen jüngeren, agileren Patienten nötig, zum Beispiel bei einem gebrochenen Arm. In solchen Situationen merken die Patienten erst, was es heißt, gesund zu sein. Auf einmal ist es gar nicht mehr so leicht, den Reißverschluss der Hose zu schließen oder sich die Schuhe zu binden. Ein eigentlich agiler 40-Jähriger kann die ersten Tage nach einer Operation am Bein meist auch nicht selbstständig zur Toilette gehen. Pflegebedürftig ist man nicht erst infolge von zwanzig Brüchen oder mit achtzig Jahren, sondern wenn man Pflege bedarf. Einige Menschen können das kompensieren, wenn Pflegekräfte keine Zeit für sie haben, andere weniger. Und gerade weil jeder Patient anders ist, benötigt jeder eine auf ihn zugeschnittene, individuelle Betreuung und Beratung.

Im hektischen Pflegealltag ist das aber offensichtlich nicht möglich: Die »Beratung und Anleitung der Patienten und Angehörigen« wird laut der RN4Cast-Studie am dritthäufigsten vernachlässigt.[51] Alles, was Pflege ausmacht und was sie in unserer Gegenwart sein sollte, eine Pflege, die über Wundversorgung und Körperpflege hinausgeht, eine ganzheitliche Pflege, habe ich schon ausführlich dargestellt. An dieser Stelle könnte ich sagen: Vergessen Sie alles, was ich Ihnen erzählt habe! So fühlt es sich jedenfalls manchmal an, weil uns die Zeit fehlt, all die genannten Bereiche in unsere Arbeit einzubinden. »Satt, sauber, still« – das kann, darf und ist nicht der Anspruch einer modernen Pflege. Und deshalb sollte sich der Mensch nicht dem System, sondern das System dem Menschen anpassen. Die Würde des Einzelnen steht über den Interessen der Allgemeinheit. Das zu verteidigen ist unsere Aufgabe als professionell Pflegende.

Es ist ein Trugschluss, dass die Tätigkeiten, die Pflegekräfte aus Zeitdruck unverrichtet lassen, nicht notwendig sind. Denn was passiert, wenn wir beispielsweise die Patienten nicht anleiten und beraten? Die meisten Pflegekräfte kennen das Ergebnis aus der Praxis: Die Patienten tun sich schwer, in ihr privates und gesellschaftliches Leben zurückzufinden, mit der Krankheit umzugehen, sie ein Stück weit auszugleichen und erleiden im äußersten Fall Folgeschäden. Für viele Patienten ändert sich ihr Leben nach einem Krankenhausaufenthalt grundlegend. Sie sind mit einer Veränderung konfrontiert, die von Dauer sein wird, etwa wenn sie ein neues Gelenk erhalten oder bei ihnen eine chronische Erkrankung diagnostiziert wurde. Diese Umstände erfordern manchmal eine dauerhafte Therapie und die Patienten haben viele Fragen, wie es nun weitergehen wird, welchen Einfluss die Neuerung auf das alltägliche Leben hat: Darf ich Sport treiben? Hat es Auswirkungen auf mein Arbeitsleben? Muss ich meine Ernährung umstellen? Bei einigen Krankheiten muss auf einige Lebensmittel verzichtet werden, manche Menschen müssen auf einmal ihr gesamtes Leben umkrempeln und andere dürfen bestimmte Sportarten oder Berufe davon nicht mehr ausüben.

Insofern ist es Aufgabe der Pflegekraft, sich erst einmal über den Patienten zu informieren. Bei einem älteren Menschen, der zum Beispiel ausgerutscht ist und sich einen Oberschenkelbruch zugezogen hat, kann das eine dauerhafte Umstellung bedeuten. Daher versucht man, die persönlichen Umstände herauszufinden und wie der Patient mit der Situation umgeht, ob er Unterstützung bekommt, wie seine familiäre Situation ist. Außerdem tragen wir die Verantwortung dafür, dass dem Patienten alle Ressourcen zur Verfügung stehen, damit er in den Alltag zurückfinden kann. Wir müssen zum Beispiel erklären, wie man mit einem neuen Hüftgelenk umgeht oder der kürzlich diagnostizierten Diabetes. Vor allem Patienten mit onkologischen Erkrankungen haben durch die aggressive Therapie mit schweren Nebenwirkungen, wie starker Übelkeit oder Haarausfall, zu kämpfen. Für sie stehen speziell weitergebildete Fachpflegekräfte zur Verfügung, die in der Beratung und Betreuung tiefgehender auf die spezifischen Bedürfnisse eingehen können. Aber man müsste eben allen Patienten eine gute Beratung bieten.

Wir müssten, bräuchten, sollten – die Pflege ist zum Konjunktiv II verkommen. Ohne die Menschen angemessen und bedarfsgerecht auf die Zeit nach dem Klinikaufenthalt vorzubereiten, sind sie so schnell wieder zurück im Krankenhaus, dass man glauben könnte, sie hätten unser »Auf Wiedersehen« missverstanden. Das Entlassmanagement kommt unter den aktuellen Bedingungen ebenfalls zu kurz. Es geht darum, so früh wie möglich den weiteren Verlauf für den Patienten nach dem Krankenhausaufenthalt zu planen. Der Übergang sollte im besten Falle reibungslos klappen. Informationsverluste müssen vermieden werden. Denn für die

Patienten ist es äußerst wichtig zu wissen, wie es weitergeht, wer sie zuhause unterstützt. Und das ab dem ersten Tag.

Bei einem Krankenhausaufenthalt muss sich der Patient an die Vorgaben der Pflegekräfte und die Strukturen des Krankenhauses anpassen. Die Abläufe sind aufgrund des Zeitmangels eng getaktet. Es gibt feste Zeiten am Tag, an denen die Körperpflege durchgeführt wird, feste Zeiten, an denen die Visite und die Nahrungsaufnahme stattfinden. Wir können uns kaum individuell nach den Patienten und ihren Bedürfnissen richten. Der eine Patient möchte lieber um elf Uhr essen, der andere um zwölf Uhr, der eine möchte um sieben Uhr geweckt werden, der andere um zehn. Das können wir mit Blick auf die Vielzahl der Patienten und die knappe Zeit nicht ermöglichen. Und das schränkt den Patienten ein. Es bedeutet für ihn, gerade wenn er länger in einem Krankenhaus oder Pflegeheim ist, eine erhebliche Umstellung und auch ein Stück weit den Verlust seiner Autonomie und Freiheit. Das ist vor allem auf moralischer Ebene fragwürdig, weil eben diese Werte Teil der Würde des Menschen sind. Selbst zu bestimmen, wann man aufsteht, selbst zu bestimmen, wann man isst, selbst zu entscheiden, wann man sich wäscht. Ein würdiges Leben kann ich führen, wenn ich in meinen Entscheidungen frei bin, wenn ich frei wählen und bestimmen kann, wann ich etwas machen möchte.

Wir Pflegekräfte sollten der Anwalt des Patienten sein, besonders für die Menschen, die nicht mehr für sich sprechen können, aber wir sind im derzeitigen System diejenigen, die dem Patienten seine Würde nehmen. Denn die Verletzung der Würde fängt nicht erst an, wenn der Patient in seinen Ausscheidungen liegt. Die Würde wird schon angetastet, wenn der Patient in eine Struktur gezwungen wird, in ein System gepresst, das sich nicht an den Bedürfnissen des Einzelnen orientiert, sondern lediglich an ökonomischer Effizienz. Das ist bitter. Doch umso bitterer ist es, dass wir uns daran gewöhnt haben. Weil es eben so läuft.

Wir greifen in das selbstbestimmte Leben der Patienten ein, weil unser System uns dazu zwingt. Wenn ich nur fünf Personen zu pflegen hätte, könnte ich die Abläufe freier gestalten. Ich könnte den Patienten fragen, wann er gerne frühstücken oder duschen oder was er am Nachmittag machen möchte. In solch einer Umgebung kann sich der Mensch entfalten, ist zufriedener und das hat einen positiven Einfluss auf seine Genesung. Es klingt vielleicht so, als würde ich Dinge fernab jeglicher Realität fordern. Doch Fakt ist, dass es funktioniert. In anderen Ländern. Wir dürfen unserem Handeln nicht direkt Grenzen setzen. Das ist keine Utopie. Wir sehen ein funktionierendes Pflegesystem in Norwegen und können davon lernen, statt uns auf den Status Quo zu fixieren, auf den derzeitigen, deutschen Standard, der nicht zulässt, mehr Wünsche des Patienten zu berücksichtigen.

Eine entscheidende Rolle für das Wohl des Patienten spielt außerdem der Schlaf. Doch gerade dieser ist in deutschen Krankenhäusern nicht garantiert. Nachts kann es durchaus laut werden, der Bettnachbar schnarcht oder der demente Zimmernachbar schreit. Wenn die Pflegekraft in ein Zimmer kommt, um beispielsweise einem Patienten Tabletten zu bringen oder einen Patienten auf die Toilette zu begleiten, lässt es sich nicht immer verhindern, dass es hell wird. Es gibt zudem viele Patienten, die nachts wach sind und tagsüber schlafen. Es kann häufig also nicht von Nachtruhe gesprochen werden. Harlan Krumholz von der Yale

School of Medicine hat herausgefunden, dass sich diese Eingriffe in die Schlafdauer und den Schlaf-Wach-Rhythmus der Patienten negativ auswirken. Sie können Störungen des Stoffwechsels, der kognitiven Fähigkeiten und der Psyche verursachen, sowie das Immunsystem und das Herz-Kreislauf-System schwächen.[52] Daher ist es ratsam, dem Patienten ausreichend Schlaf zu ermöglichen.

Aber morgens um halb sieben geht es weiter: Blutdruck messen, Visite, Körperpflege. Und so erstreckt es sich über den gesamten Tag. Feste Strukturen. Flexibilität? Fehlanzeige. Und das spürt der Patient. Dass er sich unterordnen muss. Dass er ganz unten in der Hierarchie steht. Und dabei geht es doch eigentlich um ihn und sein Wohl. Das alles, das Gefühl man selbst zu sein, in einer guten Atmosphäre gesunden zu können, Zuwendung und Aufmerksamkeit zu erfahren, das sind wichtige Faktoren für das Wohlbefinden und die Genesung des Patienten. »Gesundung kann nicht komplett an eine Apparatemedizin delegiert werden. Sie hängt entscheidend davon ab, ob sich der Patient gut aufgehoben fühlt: als Teil eines höheren Prinzips, das ihn trägt und heilt«, bringt der Mediziner und Kabarettist Eckart von Hirschhausen es auf den Punkt.[53]

Es passiert also im Krankenhausalltag viel zu oft, dass es ausschließlich um die Krankheit geht und nicht um den Menschen. Dann sprechen Ärzte und Pflegekräfte vom »Oberschenkelhalsbruch in Zimmer 7« statt von »Frau Meier«. Ich gehe morgens auf der Station durch die Zimmer und messe bei einigen Patienten den Blutdruck, unterstütze sie bei der Körperpflege, hänge Infusionen an und teile das Essen aus. Der Patient und die Pflegekräfte sind in diesem festen System gefangen, in dem die zur Verfügung stehenden

Ressourcen optimal eingesetzt werden, jedoch bleibt der einzelne Mensch dabei auf der Strecke. Wenn ich Demenzkranken das Essen anreiche geschieht es oft, dass sie auf einmal nicht mehr schlucken, nicht, weil sie es nicht können, sondern weil sie nicht verknüpfen, dass sie erst kauen und dann schlucken müssen. Ich versuche die Patienten in solchen Momenten an die richtigen Abläufe zu erinnern. Wenn das sehr lange dauert, kann ich nicht einfach gehen und mich um den nächsten Patienten kümmern. Denn es kann passieren, dass der Patient sich verschluckt, das Essen in die Atemwege gelangt und er im schlimmsten Fall erstickt.

Eine Pflegekraft muss sich vor allem bei Patienten, die nicht für sich selbst entscheiden und sorgen können, darum kümmern, dass sie alles bekommen, was sie brauchen, und ihnen nichts zustößt. Aber wenn mehrere Patienten zeitgleich diese intensive Betreuung benötigen, kommt die Pflegekraft an ihre Grenzen und muss Abstriche machen. Sie kann keine Dreiviertelstunde dafür aufbringen, den Patienten zum Essen zu animieren. Das starr getaktete System Krankenhaus versagt hier an elementarer Stelle und gefährdet damit das Wohl des Patienten. Eine signifikante Gewichtsabnahme und Defizite bei der Ernährung können Konsequenzen nach sich ziehen und mit vielen Komplikationen einhergehen. Mehrere Studien zeigen, dass 20 bis 50 Prozent aller Patienten eine Mangelernährung und eine kalorische Unterversorgung aufweisen. Die voneinander abweichenden Werte ergeben sich aus unterschiedlichen Diagnosekriterien und Definitionen.[54] Außerdem legen die Untersuchungen nahe, dass die schlechte Organisation im Krankenhaus Mangelernährung begünstigt, wie die nicht ausreichende Unterstützung bei der Nahrungsaufnahme.[55]

Es ist eine prekäre Situation, dass die Arbeitsbedingungen dazu führen, dass Pflegekräfte die Patienten nicht nur nicht schützen können, sondern selbst die Würde des Menschen verletzen müssen. So kommt es im stationären Pflegebereich oft zu freiheitseinschränkenden Maßnahmen[56]. Sie wurden an 8,9 Prozent der Bewohner eines Pflegeheims angewendet, das bedeutet sie wurden unter anderem fixiert, wie zum Beispiel mit Bauchgurten ans Bett gefesselt, stellt der Medizinische Dienst der Krankenversicherung (MDK) fest, der seit 2009 im Auftrag der Pflegekassen jedes Jahr die Qualität von Pflegeheimen und Pflegediensten prüft.[57] In diesem Bereich kommt es sehr häufig zu moralischen Dilemmata. Auf der einen Seite stehen Werte wie Autonomie und Freiheit, auf der anderen Seite die Fürsorgepflicht der Pflegekräfte. Wie weit darf man den Menschen seiner Freiheit berauben, um ihn vor Schäden zu bewahren? Doch gibt es denn überhaupt eine Alternative zu Fixierungen? Ja. Jedoch, und das ist auch Teil der Wahrheit, sind diese zu einem großen Teil nur mit mehr Personal möglich. Es wäre ein besserer Kompromiss, wenn eine Pflegekraft beispielsweise nur eine demente Patientin beaufsichtigen würde, damit diese sich frei bewegen kann. Doch das erlaubt der Stellenschlüssel nicht, weder in Pflegeheimen noch in Krankenhäusern. In der Realität gibt es leider keine einfachen Lösungen und die Pflegekräfte stehen dabei nicht nur immer auch mit einem Bein im Gefängnis, sie geraten Tag für Tag in moralische Konflikte, die zermürbend sind.

Ziel ist es letztendlich immer, das Wohl des Patienten zu schützen. Dazu gehört das Abwenden von Schäden. Das Sturzrisiko spielt dabei nicht nur im Pflegeheim eine Rolle, sondern auch im Krankenhaus. Der Sturz eines Patienten kann schwere Folgen haben – bis hin zum Tod. Besonders bei psychisch erkrankten Menschen oder Menschen, die im Delir sind, also über kurze oder längere Zeit desorientiert sind und mitunter Störungen des Bewusstseins aufweisen, muss man besonders wachsam sein. Die Sturzgefahr steigt, wenn die Patienten beispielsweise im Krankenhaus mehrere Operationen hatten, sediert worden sind, unter Medikamenteneinfluss stehen oder im Koma waren und wach werden. Dann möchten sie aus dem Bett, stehen plötzlich auf und fallen. Sie brauchen besondere Aufmerksamkeit, eine engmaschige Betreuung, bei der die Pflegekräfte die Patienten in sehr engen Zeitabständen beobachten. Würde mehr Personal zur Verfügung stehen, könnten die Pflegekräfte durch Gespräche mit dem Patienten und andere beruhigende Maßnahmen besser für deren Sicherheit sorgen. Doch die Pflegekräfte hetzen von einer Aufgabe zur nächsten. Das zeigt sich auch bei der Medikamentengabe. Wie wichtig es ist, dabei aufmerksam zu sein, damit es nicht zu Fehlern kommen kann, zur Verwechslung oder Überdosierung, die unter Umständen schwerwiegende Konsequenzen haben, erwähnte ich bereits. Das war Theorie, in der Praxis sieht man, dass es keine haltlose Angst ist, sondern dass es tatsächlich passiert. Der MDK liefert auch hierzu Zahlen, die vor allem in der Altenpflege generiert wurden, aber die Personalnot und die Vorgänge im Krankenhaus sind vergleichbar: Bei 90.000 Pflegeheimbewohnern (11,3 Prozent) ist die Versorgung mit Medikamenten fehlerhaft. Und 130.000 Pflegebedürftige, das sind circa 20 Prozent, bekommen keine Hilfe, weil ihre Schmerzen nicht erkannt werden.[58] Das bedeutet für viele Betroffene unnötiges Leid.

Pflegekräfte übernehmen Aufgaben, die grundsätzlich in

den medizinischen Bereich gehören, die sie aber aufgrund ihrer Qualifikation ausführen dürfen. Der Arzt ordnet diese an, wie zum Beispiel die Gabe von Medikamenten mittels einer Infusion oder die Anlage eines Wundverbandes. Das sind Aufgaben, die erledigt werden müssen, egal wie hektisch es gerade zugeht. Der jedoch weitaus größere Kernbereich der Pflegekräfte ist die pflegerische Versorgung. Eine Patientin kommt zum Beispiel mit einer Erkrankung eines Organs ins Krankenhaus und erhält eine Operation. Unsere Aufgabe und die der Ärzte ist es, den ganzen Menschen in den Blick zu nehmen. Wir führen eine Pflegeanamnese durch, die den aktuellen Zustand des Patienten beschreibt. Wir prüfen und erfassen die Bedürfnisse und Unterstützungsschwerpunkte des Patienten. Dazu gehört auch das Schmerz-Assessment. Dabei kann ich gegebenenfalls den Arzt hinzuziehen und gemeinsam eine entsprechende Schmerztherapie auswählen. Denn durch ein primäres Problem, in diesem Fall die Schmerzen, können sekundäre Probleme entstehen. Hat der Patient zum Beispiel Schmerzen im Bauchraum oder im Brustkorb, wird die Atmung flacher und dadurch können sich Bakterien oder Krankheitserreger in nicht mehr gut belüfteten Bereichen ansiedeln. Die Gefahr einer Lungenentzündung steigt somit. Manchen Patienten ist das nicht bewusst, andere können sich wegen ihrer Erkrankung nicht artikulieren. Insofern ist die Schmerzerkennung von zentraler Bedeutung und die Krankenbeobachtung darf nicht vernachlässigt werden, wie folgendes Zitat Simons verdeutlicht:

»Die Bedeutung der Krankenbeobachtung und richtigen Einschätzung klinischer Symptome oder aktueller Laborwerte etc. wird an dieser Stelle insbesondere auch deshalb hervorgehoben, weil erst dadurch nachvollziehbar wird, warum [...] schwerwiegende Komplikationen und die Sterblichkeit von Krankenhauspatienten zu Recht als Parameter für die Auswirkungen der Personalbesetzung im Pflegedienst relativ häufig verwendet wurde.«[59]

Bevor ich auf diese Risiken eingehe, möchte ich noch einige Beispiele anführen, um deutlich zu machen, was bei der Beobachtung des Patienten alles verpasst werden kann oder positiv formuliert: Welche Komplikationen rechtzeitig erkannt und gegebenenfalls verhindert werden können. Schon kleine Veränderungen, wie zum Beispiel die starke Verringerung der Harnmenge, können auf eine Nierenerkrankung hindeuten. Gravierende Veränderungen, wie plötzlich auftretende Lähmungen bei einem Schlaganfall sollten erst recht erkannt und entsprechend schnell behandelt werden. Dabei kommt es auf jede Sekunde an.

Genauso muss ich beobachten, ob sich ein Patient überhaupt nicht oder nur wenig bewegt und einen Großteil des Tages im Bett verbringt. Die Prophylaxe spielt in der pflegerischen Arbeit ebenfalls eine sehr wichtige Rolle. Am Beispiel der Thromboseprophylaxe wird das deutlich. Man spricht auch von der Virchow-Trias, da drei Faktoren einen Einfluss auf die Bildung von Thromben haben: die Gerinnbarkeit des Blutes, die Strömungsgeschwindigkeit und die Beschaffenheit der Gefäße. Der Bewegungsmangel sorgt vor allem für eine verminderte Strömungsgeschwindigkeit und führt dadurch zu einer höheren Gefahr für die Entstehung einer Thrombose beziehungsweise eines Thrombus, dem zur Thrombose führenden Blutgerinnsel. Infolge einer Thrombose kann unter anderem eine Lungenembolie durch den Verschluss einer Lungenarterie auftreten, was ein akut lebensbedrohliches Krankheitsbild darstellt. Deshalb ist nicht nur die Krankenbeobachtung, sondern auch die Prophylaxe ein unerlässlicher Teil für die Patientensicherheit, die aber aufgrund des Personalmangels zum Teil versäumt wird. In diesem Fall ist es die Aufgabe der zuständigen Pflegekraft, das Thromboserisiko des Patienten zu erfassen, den Patienten über das Risiko aufzuklären und ihn zu mehr Bewegung zu motivieren. Die mangelnde Bewegung hat außerdem Einfluss auf den Zustand der Haut. So können etwa Druckgeschwüre entstehen.

Durch den Mangel an Personal können Pflegekräfte ihr riesiges Aufgabenspektrum kaum erfüllen. Das erhöht gleichzeitig das Risiko für die Infektionen, die man sich im Krankenhaus zuziehen kann. Besonders ältere und schwache Patienten sind dafür anfällig und gerade sie sind dann auch gefährdet besonders schwere Komplikationen bis hin zum Tod zu erleiden. Die Zahl dieser nosokomialen Infektionen in deutschen Krankenhäusern, beziffert die Deutsche Gesellschaft für Krankenhaushygiene auf ungefähr 600 000 Fälle, realistischer seien jedoch eine Millionen Fälle.[60] Eine unfassbar hohe Zahl. Am häufigsten kommen Wundinfektionen nach Operationen, Harnwegsinfekte, Sepsen und Lungenentzündungen vor. Ein großer Teil dieser Infektionen könnte eindeutig durch bessere pflegerische Versorgung, zum Beispiel durch die entsprechenden Prophylaxen, vermieden werden. Ver.di hat herausgefunden, dass es einen Zusammenhang zwischen Patientensicherheit und Personalausstattung gibt, besonders am Beispiel der Hygiene: »Je mehr Patienten eine Pflegekraft zu versorgen hat, desto weniger Zeit hat sie für die unbedingt nötige und vorgeschriebene Desinfektion der Hände. Je nach Anzahl der zu versorgenden Patienten kann der Zeitaufwand dabei pro Schicht bis zu zwei Stunden betragen.«[61] Bei ein bis 20 zu pflegenden Personen haben 17 Prozent der Pflegekräfte ihre Hände nicht regelmäßig desinfiziert, bei über 41 Patienten waren es bereits 40 Prozent.[62]

Das ist fahrlässig, aber es leuchtet ein. Egal wie zuverlässig und kompetent eine Pflegekraft ist, sie kann nur das Menschenmögliche leisten und das was sie erfüllen müsste, ist ihm Rahmen der Betreuung von 13 Patienten einfach nicht leistbar. Nicht nur ver.di hat herausgefunden, dass es einen Zusammenhang zwischen der Patientensicherheit und der Anzahl der Pflegekräfte gibt, internationale Studien belegen dies ebenfalls.[63] Das Risiko für die folgend aufgelisteten Ereignisse erhöht sich bei zunehmender Patientenzahl pro Pflegekraft[64]:

- mangelhafte Früherkennung und Intervention bei ernsthaften Komplikationen
- Pneumonie (Lungenentzündung)
- pulmonale Insuffizienz nach einem Eingriff
- Lungenembolie
- Reintubation
- Wundinfektion nach chirurgischem Eingriff
- Sepsis (Blutvergiftung)
- internistische Komplikationen
- gastrointestinale Blutungen (Blutungen im Magen-Darm-Trakt)
- Venenthrombose
- Dekubitus (Druckgeschwür)
- Harnwegsinfektion
- Sturz während des Krankenhausaufenthaltes
- Medikationsfehler

Eine groß angelegte internationale Studie des Center for Health Outcomes and Policy Research der University of Pennsylvania belegt darüber hinaus, dass nicht nur die Wahrscheinlichkeit einiger Erkrankungen durch den Personalmangel steigt, sondern auch die Mortalität, also die Sterberate. Dafür wurden die Daten von mehr als 420 000 Patienten analysiert. Mit jedem weiteren Patienten, den eine Pflegekraft versorgen muss, nimmt die Wahrscheinlichkeit, dass ein chirurgischer Patient binnen dreißig Tagen nach der Aufnahme stirbt, um ganze sieben Prozent zu.[65] Eine wirklich erschreckende Zahl, die zeigt wie eng das Leben eines Patienten mit einer ausreichenden Pflegepersonalausstattung verbunden ist. Doch eine Frage die sich unweigerlich stellt: Wie konnte es überhaupt so weit kommen?

Die Ursache des Personalmangels lässt sich nicht an einem bestimmten Ereignis oder einer bestimmten Institution alleinig festmachen. Die Politik hat jedoch maßgeblich dazu beigetragen, dass der Pflegenotstand Realität ist. Michael Simon ging in seiner Studie »Stellenabbau im Pflegedienst der Krankenhäuser. Eine Analyse der Entwicklung zwischen 1991 und 2005« der Frage nach, wie wir an diesen Punkt gelangt sind. Der Pflegepersonalmangel ist kein neues Phänomen, es gab schon öfter Phasen, in denen das Personal in der Pflege unterbesetzt war. Zuletzt verschärfte sich dieser Ende der Achtziger Jahre und zu Beginn der Neunziger Jahre.[66] Die Reaktion folgte kurz darauf im Jahr 1993, in dem die Politik ein Instrument, die sogenannte Pflege-Personalregelung (PPR), einführte, welche die Lage entspannen sollte. Sie war Bestandteil des Gesundheitsstrukturgesetzes und hieß in Langform »Regelung über Maßstäbe und Grundsätze für den Personalbedarf in der stationären Krankenpflege«.[67] Sie sollte den Personalbedarf verbindlich regeln und das anhand des Pflegeaufwands. Eine Bedarfsermittlung sozusagen, die eine angemessene und gute Pflege möglich macht. Es wurde ausgerechnet wie viel »Arbeit« in Minuten ein Patient je nach allgemeinem und speziellem Pflegeaufwand macht, um festzustellen, wie viele Pflegekräfte es auf der jeweiligen Station braucht. Mit »Arbeit« sind die pflegerischen Tätigkeiten und ihre Häufigkeit gemeint, zum Beispiel Hilfe beim Aufstehen, Unterstützung bei der Körperpflege, Verabreichen von Dauerinfusionen, Überwachung bei Nebenwirkungen von Medikamenten, Prophylaxen. Um den Aufwand bestimmen zu können, wurden die Patienten in unterschiedliche Stufen eingeordnet. Unter die A-Stufen (allgemeine Pflege) wurde der allgemeine Pflegeaufwand, also zum Beispiel die Unterstützung bei der Körperpflege gefasst. Die S-Stufen (spezielle Pflege) bewerteten den speziellen Pflegeaufwand, beispielsweise Verbandswechsel.[68] Das Ergebnis der PPR war tatsächlich, dass sich die Zahl der Vollzeitkräfte in der Pflege der allgemeinen Krankenhäuser zwischen 1991 und 1995 um 25 590 erhöht hat.[69] Insgesamt waren nun 8,6 Prozent mehr Pflegekräfte als zu Beginn der Einführung der PPR tätig.[70]

Warum ist das für unseren Pflegenotstand heute wichtig? Die Einführung der PPR hat ihren Zweck erfüllt: Stellen wurden aufgebaut und der Personalnot so entgegengewirkt. Aber auf diesem Weg ist man nicht geblieben. Die Einstellung neuer Pflegekräfte führte zwangsläufig zu höheren Kosten für die Krankenhäuser. Außerdem hätten noch mehr Stellen besetzt werden sollen, weil die PPR einen höheren Bedarf ausrechnete als ursprünglich vorgesehen: 26 000 zusätzliche Stellen statt 21000.[71] Die Minutenwerte wurden als realitätsfern und der Erfassungsaufwand als zu hoch betrachtet.[72] Drei Jahre später wurde die Pflege-Personalregelung ausgesetzt, bis sie schließlich 1997 ersatzlos abgeschafft wurde.[73] Das hatte zur Folge, dass innerhalb weniger Jahre »zwei Drittel der auf Grundlage der PPR geschaffenen Stellen bereits wieder abgebaut«[74] wurden.

Durch die Abschaffung der Pflege-Personalregelung gab es für die Krankenhäuser keine Grundlage mehr, wie das Personal zu bemessen ist. Der Anfang einer Abwärtsspirale. »Seit dem Jahr 2003 liegt die personelle Besetzung des Pflegedienstes sogar noch unter dem Ausgangswert von 1991. Dieser Ausgangswert galt – bei einer deutlich niedrigeren Fallzahl als im Jahr 2005 – als Unterbesetzung, die Anlass für eine Intervention des Gesetzgebers war (PPR).«[75] Nicht nur, dass die Regierung eine schlechte Entscheidung damit traf, die PPR abzuschaffen, sie erhöhte zudem den wirtschaftlichen Druck auf die Krankenhäuser. Sicher war die wirtschaftliche Gesamtsituation damals eine andere, als sie es heute ist. Es musste in jeglichen Bereichen Geld eingespart werden. Und so traf es auch den Gesundheits- und Pflegebereich und damit die Krankenhäuser. Die Beitragsstabilität war wichtiger als die Qualität der pflegerischen Versorgung. Auch heute noch werden Beitragssenkungen verkündet und das obwohl es genügend Bedarf an finanziellen Mitteln in der Pflege gibt. Welche alternativen Ansätze man an dieser Stelle wählen kann, werde ich im späteren Verlauf noch genauer erläutern. Fakt ist, dass das Gesundheitssystem um die Jahrtausendwende in ein effizientes Wirtschaftssystem umgewandelt werden sollte. Und es hat geklappt. Doch am Ende bleiben die Menschen auf der Strecke. Krankenhäuser sind heute mehr Unternehmen als Orte, an denen Menschen in Zeiten von Krankheit geholfen wird. Effizienz über Menschlichkeit. Diejenigen, die Geld kosten, kosten auch den Beitragszahler.

Deshalb hat die Regierung 1993 das Budget, das den Krankenhäusern zur Verfügung steht, gedeckelt: Der Anstieg der Krankenhausausgaben wurde auf den Anstieg der Grundlohnsumme begrenzt.[76] Damit sind die Löhne und Gehälter der Krankenkassenmitglieder gemeint, woraus sich die Beiträge zur Krankenversicherung errechnen. Dieser Ansatz machte jedoch wenig Sinn, da die Finanzierung des Gesundheitswesens an die Lohnentwicklung in Deutschland gebunden wurde. Stiegen die Löhne nicht so stark wie der Bedarf an Gesundheitsleistungen, sank zwangsläufig die Qualität der Versorgung. Viel sinnvoller wäre es demnach gewesen, eine bedarfsgerechte Versorgung zum Standard zu machen und festzulegen, dass die Beiträge je nach Lohnentwicklung steigen oder sinken. Dieser Ansatz hielt die Beiträge stabil, aber wie es den Menschen dabei erging, spielte eine untergeordnete Rolle. Und die Folge dieser Begrenzung war eine Durchrationalisierung der Krankenhäuser ohne Erbarmen. Oberste Priorität war, schwarze Zahlen zu schreiben, der Mensch kam an zweiter Stelle.

Diese Art der Krankenhausfinanzierung war eigentlich »nur als vorübergehende ›Notbremsung‹ gedacht und auch so angekündigt. Sie sollte lediglich für die Jahre 1993, 1994 und 1995 gelten. Ab 1996 sollte ein neues Entgeltsystem eingeführt werden, ohne gesetzlich vorgegebene Veränderungsraten für die Krankenhausbudgets. Entgegen der Ankündigung der Bundespolitik wurde die Budgetdeckelung jedoch weitergeführt […].«[77] 2002 wurde dann eine weitere Entscheidung gefällt, die den noch fehlenden Schritt auf dem Weg zu einem nach rein wirtschaftlichen Prinzipien strukturierten Gesundheitssystem markierte: Das Fallpauschalengesetz wurde ins Leben gerufen und damit die Vorstufe zum DRG.[78] DRG steht für »Diagnosis Related Groups«, also diagnosebezogene Fallgruppen. Patienten mit ähnlichen Kosten und ähnlichem Aufwand werden demnach diagnosebezogen zusammengefasst. Durch Faktoren wie Alter, Haupt- und Nebendiagnosen und durchgeführte Prozeduren werden feste Geldbeträge für die Behandlung zur Abrechnung vorgesehen. Das bedeutet, es gibt für eine Diagnose einen Grundgeldwert, der dann durch die weiteren Faktoren erweitert wird. Außerdem gibt es einen bestimmten Behandlungszeitraum, den die Fallpauschalen vorgeben und dessen Einhaltung mit finanziellen Anreizen verknüpft ist. Wird dieser überschritten, macht das Krankenhaus Verlust.[79]

Die Folgen eines solchen Systems sind offensichtlich. Das Ziel ist es, Patienten so schnell es geht durchzuschleusen und möglichst viele Kriterien zu erfüllen, um möglichst hohe Erträge zu erreichen. Das belastet Pflegende, Patienten und Ärzte gleichermaßen, die nicht nur zum Wohle des Patienten entscheiden müssen, sondern stets dem wirtschaftlichen Druck ausgesetzt sind. Der individuelle Pflegebedarf der Patienten wird hier im Gegensatz zu der PPR nicht ausreichend erfasst. Es gibt vorgefertigte Kategorien und pauschale Beträge. »Das DRG-System hat zu einem Kostensenkungs-Wettbewerb geführt. Krankenhäuser, die überproportional viele Stellen abbauen, erreichen dadurch Kostenvorteile. Krankenhäuser, die eine qualitativ und quantitativ hochwertige Personalausstattung vorhalten, werden durch die an den Durchschnittskosten orientierten DRG-

Fallpauschalen wirtschaftlich bestraft«, stellt Simon in seiner Studie fest.[80]

Unter diesem Druck haben die Krankenhäuser nicht nur Stellen in der Pflege abgebaut, viele Vollzeitstellen wurden zudem in Teilzeitbeschäftigungen umgewandelt. Während im Jahr 1991 noch 27,3 Prozent Teilzeitkräfte angestellt waren und im Jahr 1995 32,0 Prozent, stieg die Zahl der Teilzeitangestellten im Jahr 2005 bereits auf 45,4 Prozent.[81] Diese Umwandlung lag vermutlich jedoch nicht nur an den Arbeitszeitwünschen der Beschäftigten, sondern vielmehr an der Strategie des Krankenhausmanagements »zur Flexibilisierung des Arbeitseinsatzes und zur Reduzierung von Personalkosten«.[82] Und nicht nur die Teilzeitstellen wurden ausgebaut, sondern auch die Stellen im ärztlichen Dienst. Mehr Ärzte, weniger Pflegekräfte. In Zahlen: Im Zeitraum zwischen 1991 und 2005 wurden 19 000 Vollkräfte im ärztlichen Dienst in allgemeinen Krankenhäusern eingestellt, hingegen 44 000 Vollzeitstellen des Pflegedienstes abgebaut. Bei den Ärzten war zudem ein deutlich höherer Zuwachs bei den Lohnkosten zu verzeichnen, von 2002 bis 2005 »stiegen die Personalkosten insgesamt um 4,1 %, die des ärztlichen Dienstes dagegen um 13,9 %.«[83] Simons Analyse der Daten zur Krankenhausstatistik zeigt, dass innerhalb der Krankenhäuser eine Umverteilung der Ressourcen zu Lasten des Pflegedienstes stattgefunden hat.[84] Immer mehr Ärzte und immer weniger Pflegekräfte wurden eingestellt. Auch das steht im Zusammenhang mit dem DRG-System, da für bestimmte Eingriffe, die Ärzte vornehmen, das Krankenhaus mehr Geld bekommt als für Pflegeleistungen. Gute Pflege lohnt sich in diesem System nicht. Operationen hingegen schon.

Ohne Frage muss ein Gesundheitssystem sinnvoll mit den ihm zur Verfügung gestellten Ressourcen umgehen. Aber Effizienz darf keinesfalls das oberste Ziel sein, doch genau dazu hat das DRG-System geführt. Zurzeit gibt es in der politischen Diskussion wieder die Überlegung, die Pflege aus dem Fallpauschalensystem auszugliedern. Dies ist auch der Plan der aktuellen großen Koalition. In den DRG sind zwar die Kosten der Pflege berücksichtigt, jedoch bilden diese den genauen Aufwand nicht exakt ab und es ist kaum nachvollziehbar, ob der Anteil, der für pflegerische Leistungen gedacht ist, am Ende nicht doch in einen anderen Bereich fließt.

Aus dem Exkurs in die Vergangenheit können wir für die Gegenwart und die Zukunft der Pflege lernen. Der Blick darf nicht mehr nur auf die Beiträge gerichtet werden, sondern die Qualität der Versorgung und die damit verbundenen Arbeitsbedingungen der Beschäftigten sollten mehr in den Fokus gerückt werden. Man hatte ein Instrument mit der Pflege-Personalregelung zur Hand, das funktionierte, es wurden Stellen aufgebaut. Dann wurde es verworfen, um Geld zu sparen. Jetzt wird beklagt, dass man kein Pflegepersonal mehr bekommt, dabei wurde über ein Jahrzehnt der Pflegedienst immer weiter heruntergedrückt und der wirtschaftliche Druck verschärft, mit dem ein großer Stellenabbau einherging. Die Arbeitsverdichtung ist angestiegen, sodass es irgendwann nicht mehr daran lag, dass die Stellen nicht mehr zur Verfügung standen, sondern dass die Angestellten immer früher den Beruf verlassen haben.

Die Arbeitnehmer in der Krankenpflege verlassen im Schnitt nach 7,5 Jahren ihren Beruf[85] und jeder fünfte Beschäftigte denkt häufig darüber nach, ihn aufzugeben – im

Krankenhaus sind es 19 Prozent, in den Alten- und Pflegeheimen 16 Prozent und in der ambulanten Pflege 18 Prozent.[86] Diese Zahlen sind alarmierend und in den unhaltbaren Arbeitsbedingungen liegt der Grund für den derzeitigen Zustand: Pflegekräfte müssen zu viele Patienten betreuen, wodurch die Qualität der Versorgung sinkt und die körperliche und die psychische Belastung steigt. Wir befinden uns in einer Negativspirale, die wir stoppen und umkehren müssen. Sonst wird dieser Zug, in dem wir alle gemeinsam sitzen, ungebremst durch die letzte Haltestelle hindurchrasen.

KAPITEL 3

UND WER TRÄGT JETZT DIE SCHULD?

Die Schuld für die Bedingungen, die wir heute vorfinden, ist nicht bei einigen Wenigen zu suchen. Viele unterschiedliche Akteure haben dazu beigetragen, dass der Pflegenotstand heute Realität ist. In diesem Kapitel möchte ich das Verhalten einiger Akteure in den letzten Jahrzehnten kritisch hinterfragen, stets mit Blick darauf, aus diesen Erkenntnissen Wege zur Lösung der Gesamtproblematik abzuleiten.

Ohne Frage fällt einem als Erstes die Politik ein, wenn man jemanden für eine Misere verantwortlich machen will. Aber ich will nicht pauschal auf die Politik schimpfen oder mit dem Finger auf »die da oben« zeigen, die Verantwortung müssen wir alle uns teilen. Allerdings lassen sich klare Versäumnisse auf Seiten der Politik festmachen, die dem Großteil ihrer Verantwortung nicht gerecht geworden ist. Michael Simon fasst es wie folgt zusammen: »Als Fazit der Studie ist somit festzuhalten, dass die zentrale Verantwortung für die Entwicklung [des Personalmangels] beim Gesetzgeber liegt. Er steht in der Verantwortung, zu intervenieren.«[87]

Das Problem ist hausgemacht. Wie im vorherigen Kapitel beschrieben, hat die Politik mit ihren Vorgaben für eine Ökonomisierung des Gesundheitssystems gesorgt, die sich am Ende auf die Pflege in den Krankenhäusern und damit auf die Arbeitsbedingungen der Pflegekräfte sowie die Versorgung der Patienten negativ auswirkte. Jahrelang musste die Pflege als Spielball herhalten, um Beiträge konstant zu halten oder zu senken, immer im Sinne der Wirtschaftlichkeit. Priorität war es nicht, die Qualität der Patientenversorgung oder die Arbeitsbelastung der Pflegekräfte in einem angemessenen Rahmen zu halten. Vieles hat unter dieser Handlungsstrategie gelitten, aber die Hilfeschreie aus der Pflege und die Verweise von Experten auf den drohenden Notstand ignorierten die regierenden Parteien. Lange Zeit bevor wir an diesen Punkt gekommen sind, wiesen Pflegewissenschaftler, Gewerkschaften und Berufsverbände darauf hin, dass es einen Personalmangel gibt und damit eine Arbeitsverdichtung einhergeht, die insgesamt zu einer Patientengefährdung führt. Der negative Einfluss der engeren Budgetierung der Krankenhäuser und des DRG-Systems zeichnete sich schon deutlich ab. Effizienz und Rationalisierung waren die neuen Schlüsselwörter und die Kostenreduktion das oberste Ziel. Die Krankenhäuser bauten daraufhin Stellen ab und selbst als der Personalabbau schon unerträgliche Ausmaße annahm, sah die Politik einfach weiter zu.

In den letzten zwanzig Jahren hat es keine regierende Partei geschafft, den katastrophalen Verhältnissen etwas entgegenzusetzen. Dafür kann nicht nur die CDU/CSU und die SPD verantwortlich gemacht werden, auch die Grünen waren beteiligt, sie regierten von 1998 bis 2005 mit, in der Zeit, in der die Gesetze die Krankenhäuser weiter ökonomisierten und die Situation der Pflege verschärften. Ebenso hat die FDP zu keiner Verbesserung der Situation beigetragen. All diese Parteien entwickelten keine wirksamen

Konzepte, die den Personalabbau stoppen konnten. Allerhöchstens drehten sie an kleinen Schrauben, aber wichtige Reformen, um das Problem zu beheben, setzten sie nicht um. Die Parteien hätten die Negativspirale aufhalten können, damals wäre es möglich gewesen, genügend Pflegekräfte zu mobilisieren. Doch stattdessen schaute man zu, wie immer weniger Pflegekräfte immer mehr Patienten betreuten und immer mehr Pflegekräfte den Beruf aufgrund der dadurch steigenden Belastung verließen. Es wäre Aufgabe der Politik gewesen, zu zeigen, dass sie verstanden hat. Verstanden hat, dass es so nicht weitergehen kann. Und das nicht nur, indem sie sagt, dass sie es versteht, sondern indem sie auch entsprechend handelt.

Das hat sie jedoch verschlafen. Wie andere zentrale Themen: die zunehmende Kinder- und Altersarmut, der Lehrermangel an den Schulen, der Rückstand bei der Digitalisierung. Genau diese Themen sind aber höchst bedeutsam für viele Menschen in diesem Land. Bin ich im Alter abgesichert? Kann ich nach jahrzehntelanger Arbeit von meiner Rente in Würde leben? Sind die Schulen in der Lage, die Zukunft unseres Landes gut auszubilden? Trotz der guten wirtschaftlichen Situation, in der Deutschland sich befindet, gibt es immer mehr Menschen, die diese Fragen nicht eindeutig bejahen können. Während die Talkshows sich um die Themen Migration, Flüchtlinge, um Trump, Erdoğan oder Putin drehen, sind viele Menschen in Deutschland mit den Problemen, mit denen sie jeden Tag konfrontiert sind, viel zu oft alleine.

Es ist Aufgabe der Politik, für Sicherheit zu sorgen. Im Straßenverkehr gibt es Geschwindigkeitsbegrenzungen oder bestimmte Stellen in der Stadt, in denen Parkverbot herrscht, damit die Feuerwehr durchkommt – das wird strengstens geregelt und kontrolliert. Da ist der Staat rigoros, wenn es aber darum geht, Krankenhäuser oder Pflegeheime zu kontrollieren, auf die Qualität der Patienten- oder Bewohnerversorgung hin zu überprüfen, sich anzusehen, was für einen Eindruck die Menschen machen, die dort leben oder behandelt werden, wie es ihnen geht, unter welchen Bedingungen die Beschäftigten arbeiten – dann agiert die Politik völlig verantwortungslos. Ich bin sprachlos darüber, wie wenig Einfluss und Überprüfung der Staat in diesem Bereich geltend macht. Es gibt aktuell keine Kontrolle darüber, wie viele Pflegekräfte wie viele Patienten betreuen und betreuen dürfen. Nach oben hin sind keine Grenzen gesetzt. Zuweilen gibt es Kontrollen, ob die Dokumentation stimmt, ob bestimmte Kriterien des Qualitätsmanagements erfüllt sind, also wie Medikamente gelagert werden, ob etwa das Datum auf dem Desinfektionsmittel steht, doch auf welche Weise die Menschen versorgt werden und wie es dem Pflegepersonal ergeht, spielt dabei keine Rolle.

Daher fühlt sich das Personal in Krankenhäusern und anderen Pflegeinstitutionen nicht ohne Grund häufig alleingelassen. So liegt die gesetzliche Ruhezeit zwischen zwei Arbeitstagen bei elf Stunden. Im Krankenhaus gibt es Ausnahmen. Aber warum? Müsste nicht gerade hier darauf geachtet werden, dass die Mitarbeiter erholt und ausgeruht zur Arbeit erscheinen? Die Arbeitszeiten ließen sich durchaus entsprechend anpassen. Das was fehlt, ist der Wille dazu. Es ist Aufgabe der Politik, dafür zu sorgen, dass im 21. Jahrhundert der Arbeitsschutz für die Arbeitnehmer in der Pflege und in den Krankenhäusern gewährleistet wird. Dieser Verpflichtung, Rahmenbedingungen oder Regularien zu schaffen, ist die Politik bislang nicht nachgekommen.

Ein weiterer zentraler Aspekt, der der Politik zum Vorwurf gemacht werden kann, ist, dass die Pflege kaum politisch eingebunden wird. Es gibt die Selbstverwaltungsorgane im Gesundheitswesen, wie beispielsweise den gemeinsamen Bundesausschuss, dieser ist allerdings eine Institution, bei dem die Pflege keine eigene Vertretung hat, sie wird nicht an den Entscheidungen beteiligt. Aktuell werden Personaluntergrenzen im Krankenhaus zwischen der deutschen Krankenhausgesellschaft (die Interessensvertretung der Krankenhäuser) und dem GKV-Spitzenverband (Spitzenverband der gesetzlichen Krankenversicherungen) verhandelt. Diese beiden Akteure erörtern, wie viele Patienten von wie vielen Pflegekräften versorgt werden sollen. Beide sind allerdings Akteure, die nicht primär die Interessen der Pflegekräfte widerspiegeln und damit nur im begrenzten Maße eine gute Patientenversorgung im Blick haben. Das heißt, selbst wenn Pflegende oder Vertreter von Pflegekräften mitsprechen, mitentscheiden dürfen sie nicht. Woher soll also das Wissen stammen, was zumutbar ist und was nicht? Hier begeht die Politik den Fehler, die Menschen, um die es geht, die Menschen, die sich auskennen, außen vor zu lassen.

Wie es seit Jahren auf politischer Ebene in Bezug auf die Pflege zugeht, war nach dem Wahlkampf zu beobachten: Die Mehrheit der Parteien äußerte, sie wäre für eine Personalbemessung im Krankenhaus. Aber es war nicht möglich, sich zu einigen. Das Interesse, die Partei gut dastehen zu lassen und gegenüber den anderen etwas zu gewinnen, stand über dem Interesse, für die Bevölkerung etwas Gutes zu erreichen. Selten ging es darum, den Notstand bewusst anzuerkennen und sich zusammenzuraufen, über Parteigrenzen hinweg. Es fehlte die Einstellung, wirklich etwas in diesem Thema zu erreichen. Denn es dürfen nicht Parteiklüngelei oder die bessere Pose, die den nächsten Wahlerfolg garantiert, im Vordergrund stehen. Es muss um die Interessen der Bevölkerung gehen und darum, ihre Sicherheit zu wahren. Denn auch das ist Sicherheitspolitik: Vernünftig und angemessen versorgt zu werden.

Die Ausrede der Politik ist, ob bei der Pflege oder anderen sozialen Themen: Wir wollen ja alles Mögliche tun, aber uns fehlt das nötige Geld. Doch das ist zu kurz gedacht, denn es ist genügend Geld da. Es müssten sich nur alle beteiligen. Das System ist so aufgebaut, dass diejenigen, die am meisten Geld zur Verfügung haben, sich relativ wenig an unserem Sozialversicherungssystem beteiligen. Das heißt, die Menschen, die mehr als die festgelegte Versicherungspflichtgrenze verdienen, also über 4950 Euro im Monat, müssen sich nicht gesetzlich kranken- oder pflegeversichern. Wenn sie es freiwillig tun, zahlen sie trotzdem nur anteilig von den maximal 4425 Euro, der sogenannten Beitragsbemessungsgrenze. Das Geld, das sie darüber hinaus verdienen, wird nicht belastet. Und wenn die Mehrverdiener sich komplett privat versichern, dann schleusen sie sich damit gewissermaßen an unserem Solidarsystem vorbei.

Das ist äußerst problematisch, denn die Mitte der Gesellschaft, die Normalverdienenden, die, die am ehesten für den Wohlstand in unserem Land sorgen, sind gleichzeitig auch diejenigen, die am meisten zum Erhalt der sozialen Sicherungssysteme beitragen, während sich diejenigen, die am meisten von diesem Wohlstand profitieren, in Relation gesehen am wenigsten an der sozialen Sicherung beteiligen. Es macht einen großen Unterschied, ob man 1500 Euro im Monat verdient und davon 150 Euro für die Krankenversicherung aufbringen muss. Oder ob man 15 000 Euro im Monat verdient und trotzdem maximal 450 Euro für die Kranken- und Pflegeversicherung zahlt. Noch eindrücklicher wird dies, wenn man sich die Extreme anschaut: Als Auszubildender zahle ich im Monat schon um die 100 Euro in die Kranken- und Pflegeversicherung ein, verglichen mit jemanden, der an die 833 000 Euro im Monat verdient, wie etwa ein Vorstandsvorsitzender eines Automobilkonzerns, liegt die Differenz des Beitrages nur bei wenigen hundert Euro. Bei den wirklich gut Verdienenden macht die Versicherung oft nicht einmal ein Prozent ihres Einkommens aus, im genannten Beispiel gerade einmal 0,05 Prozent, während bei den unteren und mittleren Einkommen die Gesamtbelastung alleine für Kranken- und Pflegeversicherung bei einem Zehntel des Bruttogehaltes liegt. Die Begründung dafür ist das Äquivalenzprinzip, denn der Besserverdienende wird niemals das Geld wiederbekommen, dass er in die Kassen einzahlt. Denn er kann nie so krank werden, dass all seine Beiträge sich in Leistung umwandeln. Aber das widerspricht meines Erachtens dem Gedanken einer Solidargemeinschaft. Sonst wäre der Beitrag grundsätzlich nicht anteilig vom Einkommen zu entrichten, sondern jeder müsste genau den gleichen Geldbetrag zahlen.

Wir Pflegekräfte sind nicht darauf angewiesen und trotzdem erwarte ich von der Politik eine gewisse Wertschätzung für meine Arbeit. Und das nicht nur in irgendwelchen Sonntagsreden. An der derzeitigen politischen Diskussion merke ich, dass die Wertschätzung für diesen Beruf fehlt.

Teilweise habe ich das Gefühl, dass Politiker kein realistisches Bild davon haben, was Pflegekräfte leisten. In Zeitungsartikeln, Interviews und Podiumsdiskussionen spiegelt sich wider, dass die Pflege häufig weniger komplex wahrgenommen wird, als sie es letztendlich ist. Es wird vorgeschlagen, Menschen ohne Schulabschluss eine Pflege-Ausbildung zu ermöglichen. Oder es heißt, das fehlende Personal solle durch Pflegekräfte aus dem Ausland kompensiert werden. Das ist zu kurz gedacht und stellt den Versuch dar, die eigenen Verfehlungen auf schnelle und kostengünstige Weise auszubügeln. Denn auch andere Länder benötigen ihre Pflegekräfte. Den Pflegeberuf für Menschen mit geringerem Bildungsabschluss zu öffnen, für Menschen, die vielleicht nicht einmal die deutsche Sprache sprechen, kann kaum die Lösung sein. Es muss an der Ursache des Problems angesetzt werden anstatt die Probleme zu verlagern. Es werden Pflegekräfte benötigt und die Bedingungen dürfen nicht nach unten geschraubt werden – das würde man bei Piloten nicht wagen, nicht bei Ingenieuren. Das ist inakzeptabel. Die Politik muss einsehen, dass sich das Bild der Pflege dringend verändern muss, dass die Lösungsansätze ambitionierter sein müssen. Das Pflegen-kann-jeder-Credo darf nicht mehr gelten. Wenn es hier nicht zu einem Umdenken kommt, kann der Pflegenotstand nicht im Ansatz behoben werden. Die Politik hat dafür Sorge zu tragen, dass die Ausbildung eine hohe Qualität hat, dass junge Menschen etwas lernen und das Gelernte angemessen umsetzen können. Und die Arbeit muss stärker gewürdigt werden, damit sich mehr Menschen für die Ausbildung begeistern.

Doch nicht nur die Politik trägt Verantwortung, auch die Unternehmen müssen ihr Handeln an moralischen Prinzipien ausrichten. Krankenhäuser und Pflegeheime sind zu Wirtschaftsunternehmen geworden, die unbegrenzt Gewinne erwirtschaften dürfen. Die privaten Krankenhäuser und Pflegeheimbetreiber formulieren dieses Ziel ganz öffentlich. Sie machen etwa 37 Prozent der Kliniken aus.[88] Auf der einen Seite wird behauptet, dass zu wenig Geld für Veränderungen, für Innovationen da ist, zu wenig, um etwas zu bewegen. Auf der anderen Seite verzeichnen Konzerne wie Helios, zu der 110 Kliniken in Deutschland gehören, Millionenbeträge im dreistelligen Bereich als reinen Gewinn und das jedes Jahr. Im Jahr 2017 waren es 728 Millionen Euro Gewinn.[89] Sie haben Renditevorgaben und das in einem Krankenhaus, in dem es primär darum gehen sollte, dass das Geld, das der Sozialversicherungsnehmer einzahlt, auch wieder bei ihm ankommt, oder bei anderen, die es benötigen. Jedoch endet ein Teil des Geldes, das für die Behandlung Kranker und Pflegebedürftiger gedacht ist, am Ende in einer Gewinnausschüttung oder als Teil einer Dividende. Das lässt sich weder mit meinem Menschenbild noch mit meinem Bild einer gerechten Gesellschaft vereinbaren. Gesundheit ist ein Kapital, aber nicht das der Betriebe, sondern unser eigenes. Diese Schieflage muss sowohl der Politik als auch den Betrieben angelastet werden. Genauso, wie es Krankenhäuser gibt, die als schlechte Beispiele dienen, so gibt es auch solche, die sich bemühen, trotz des fehlerhaften Systems, eine angemessene Versorgung und vernünftige Arbeitsbedingungen zu gewährleisten. Dennoch gibt es insgesamt eine negative Entwicklung, die sich unweigerlich in der aktuellen Situation widerspiegelt.

Einige Krankenhäuser verschleißen ihre Mitarbeiter bewusst und setzen sie unter Druck. Besonders die Pflegekräfte sind davon betroffen. Mithilfe der Dienstpläne wird versucht, eine ausreichende Besetzung zu gewährleisten, dabei kommen die individuellen Bedürfnisse der Mitarbeiter allerdings häufig viel zu kurz. Viel zu oft wird so geplant, dass bei einem einzigen Ausfall eine Schicht kaum zu meistern ist. Selbstverständlich wird davon ausgegangen, dass die Pflegekräfte einspringen und versuchen, die schlechte Planung aus einem falschen Verpflichtungsgefühl heraus zu kompensieren. Eine Strategie, die abermals zu kurz gedacht ist, denn auf diese Weise kann keine Pflegekraft diesen Beruf bis zur Rente ausüben. Der Verschleiß der Pflegekräfte rächt sich somit auf lange Sicht. Die Krankenhäuser aber, hinter denen die Gewinninteressen einiger Aktienkonzerne stehen, sind nicht immer an einer langfristigen Planung interessiert, sondern haben vielmehr die kurzfristige Gewinnmaximierung im Blick.

Während sich die Politik im Abwarten und Zuschauen übt, schieben Krankenhäuser die Verantwortung an die Politik ab. Sie argumentieren, sie hätten keine Vorgaben und müssten darauf achten, dass sie wirtschaftlich arbeiten. Trotzdem hätten die Krankenhäuser ihre Position schon viel eher dafür nutzen müssen, um Druck auf die Politik auszuüben und eine Veränderung im System anzustreben. Die Wirtschaftlichkeit der Krankenhäuser geht zu Lasten der Versorgungsqualität und zu Lasten des Personals. Die Kliniken haben Einfluss auf die Politik und damit auch auf die Gesetzgebung. Diesen Einfluss hätten sie nutzen müssen um deutlich zu machen, dass es so nicht weitergehen kann.

Es ist eine heikle Angelegenheit, aber auch die Pflegekräfte selbst tragen eine Mitschuld an der Misere. Das trifft nicht auf alle zu, aber viele haben in den letzten Jahren nur zugesehen. Es sind somit einige Versäumnisse auf Seiten der Pflegekräfte zu nennen, die dazu beigetragen haben, dass sich die Situation heute so prekär darstellt. Nach meinem Auftritt in der Wahlarena bekam ich viel Zuspruch und viele ähnliche Aussagen von Pflegekräften zu hören: »Endlich einer, der es anspricht« oder »Du bist das Gesicht der Pflege«. Kaum ein Berufsstand würde es zulassen, dass jemand, der sich noch in der Ausbildung befindet, zum »Gesicht des Berufes« ernannt wird. Seit Jahrzehnten ist die Problematik des Pflegenotstands bekannt und es gab viele Pflegekräfte vor mir, die es ansprachen und versuchten, einen Wandel herbeizuführen. Doch insgesamt waren es immer zu wenige. Auch den Medien schien es nicht zu genügen. Erst meine Konfrontation mit der Bundeskanzlerin war interessant genug, um so ein Thema überhaupt zu beleuchten. Neben der Kritik an den Medien ist es angebracht zu fragen: Was haben die Pflegekräfte bisher getan, um dem Pflegenotstand entgegenzuwirken? Warum haben sie nicht schon viel früher in stärkerem Maße aufbegehrt? Und warum schien es, als hätten sie auf jemanden wie mich, der das Problem offen anspricht, gewartet?

Es gab und gibt Pflegekräfte, die jeden Tag lautstark und mit einer Menge Einsatz für Verbesserungen in diesem Beruf kämpfen. Und das schon länger, als es mich gibt. Jedoch geht es mir um die große Mehrheit, um alle Pflegekräfte. Zu viele von ihnen sind weder politisch engagiert noch tun sie aktiv etwas für Verbesserungen. Sie schielen stattdessen auf andere Branchen und jammern: Die Arbeiternehmer dort bekämen mehr Lohn, hätten bessere Arbeitsbedingungen und Regularien. Das ist richtig und liegt daran, dass diese Branchen unter anderem eine hohe Gewerkschaftsbeteiligung aufweisen. Dass sie sich für diese Veränderungen eingesetzt haben und häufig streiken, das ist nicht Teil der Diskussion. Es gibt keine offiziellen Zahlen dazu, wie viele Pflegekräfte tatsächlich in einer Gewerkschaft sind, Schätzungen zufolge ist jedoch nur ungefähr jede zehnte Pflegekraft gewerkschaftlich organisiert.[90] Nur wenige vereinigen sich in einer Institution, um politisch Druck auszuüben, was Gehalt und Arbeitsbedingungen angeht, um relevante Themen zu diskutieren, den Beruf weiterzuentwickeln. Woran liegt das?

Womöglich hängt es mit der Entwicklung und der Geschichte des Pflegeberufes zusammen. So war Pflege nicht immer eine Dienstleistung, die entsprechend vergütet wird und nicht immer wurde sie als eigenständige Profession betrachtet. Lange Zeit war die Pflege eine helfende, eine dienende Tätigkeit. Und so war auch die Etablierung gewerkschaftlicher und organisatorischer Strukturen schwieriger, verglichen mit anderen Branchen. Heute ist ver.di im Prinzip die einzig relevante Gewerkschaft für Pflegekräfte. Doch auch ver.di ist unter Pflegekräften nicht unumstritten. Vor allem der massive Kampf und damit indirekte Schulterschluss mit den Arbeitgebern gegen die Etablierung von Pflegekammern stieß einigen übel auf. Daneben gibt es viele andere Punkte, in denen ein gewisser Zwiespalt herrscht. Doch, und das ist meiner Meinung nach das Entscheidende, eine Gewerkschaft ist immer nur so stark wie ihre Mitglieder. Und Gewerkschaften wie ver.di sind demokratisch aufgebaut. Wenn nun alle Pflegenden Mitglieder wären, könnten auch alle Einfluss nehmen. Auf Positionen und auf Tarifabschlüsse.

Es gibt Möglichkeiten der Intervention, der Mitgestaltung, aber auch hier stoße ich im Gespräch mit anderen Pflegekräften oft auf taube Ohren. Neues wird nicht grundsätzlich mit Offenheit begrüßt, sondern nicht selten erst einmal mit großer Skepsis und zum Teil Ablehnung betrachtet. »Was kann eine Gewerkschaft schon tun, es sind kaum Leute drin, die erreichen sowieso nichts. Was soll ich im Berufsverband, die haben keinen Einfluss auf mein Gehalt und die Kammer macht nur Vorschriften und dafür soll ich dann auch noch bezahlen.« Als die Pflegekammer hier bei uns in Niedersachsen ins Leben gerufen wurde, das gleiche Trauerspiel: »Das ist eine Zwangsvereinigung, dafür müssen wir auch noch monatlich Geld bezahlen, das bringt nichts, das ist nur ein Bürokratiemonster.« Jeder hat das Recht, sich gegen die Etablierung von Pflegekammern auszusprechen. Doch trotzdem würde ich mir wünschen, dass neue Ideen zunächst differenzierter betrachtet und nicht von Anfang an als etwas per se Schlechtes abgestempelt werden. Viele brachten in Bezug auf die Pflegekammern mir gegenüber vor, dass diese Neuerung sie noch mehr Geld im Monat koste und sich damit an ihrer Situation kurzfristig nichts verbessern werde. Doch in manchen Fällen macht es Sinn, weiter zu denken, als nur bis morgen.

Jeder, der in einem Pflegeberuf arbeitet, wird zur Mitgliedschaft in einer Pflegekammer verpflichtet, sofern das jeweilige Bundesland über eine solche verfügt. Bisher haben nur drei Bundesländer eine Pflegekammer: Rheinland-Pfalz, Schleswig-Holstein und Niedersachsen. Wir dürfen die Aufgaben der unterschiedlichen Institutionen nicht vertauschen. Eine Pflegekammer kann keine Löhne verhandeln. Dafür gibt es Gewerkschaften. Und diese stehen nicht in Konkurrenz zu den Pflegekammern – zumindest nicht, was deren Aufgaben anbelangen. Eine Pflegekammer bietet die Chance, eigenständig zu definieren, was gute Pflege ist, und mehr Einfluss zu gewinnen, wenn es um Fragen geht wie: Was sind die Inhalte der Ausbildung? Was sind die Aufgaben professionell Pflegender? Wie kann die Pflege mehr Einfluss auf die Gesetzgebung nehmen?

Wir beschweren uns, wenn die Politik neue Gesetze zur Pflege beschließt, diese aber mit der Lebenswirklichkeit und dem Alltag in der Pflege wenig zu tun haben und zudem nicht selten unter starkem Einfluss anderer Interessensverbände stehen, wie etwa dem der Arbeitgeber. Man müsste sich einmal vorstellen, eine Bundespflegekammer würde alle Pflegekräfte in Deutschland vertreten. Sie würde aus Menschen bestehen, die von der Mehrheit der Pflegekräfte in Deutschland dazu legitimiert ist, für die Pflegekräfte zu sprechen. Ein solches politisches Gewicht kann in Berlin kaum ignoriert werden. Damit würde die Pflege einen enormen Machtgewinn verzeichnen. Allerdings ist es dafür zwingend erforderlich, dass sich die Pflegekräfte mehr einbringen. Bei der Wahl der Pflegekammer Niedersachsen konnten Pflegekräfte Vertreter ihrer Berufsgruppe in die Kammerversammlung wählen. Die Wahl bot allen Pflegekräften in Niedersachsen eine Möglichkeit der Mitbestimmung, aber die Wahlbeteiligung lag nur bei 30 Prozent.[91] Wenn dann die gewählten Vertreter in ein paar Jahren nicht das umsetzen, was man sich als Pflegekraft wünscht, darf man sich nicht beklagen. Wer sich nicht einbringt, hat auch kein Recht, Kritik zu üben. So funktioniert Demokratie nun mal nicht.

Die unterschiedlichen Institutionen arbeiten zum Teil gegeneinander, anstatt an einem Strang zu ziehen: Kammern, Berufsverbände und Gewerkschaft. Diesen Fehler, den die Politik macht, müssen die Pflegekräfte, wenn sie sich endlich zusammenschließen, unbedingt vermeiden.

Doch auch abseits der Institutionen können wir Pflegekräfte in unserem Alltag Veränderungen herbeiführen, um die Arbeitsbedingungen zu verbessern. Als die Pflegepersonal-Regelung abgeschafft wurde, sind zahlreiche Stellen abgebaut worden. Das bedeutete eine höhere Arbeitsbelastung für die Pflegekräfte. Immer öfter sollten sie einspringen, zusätzliche Aufgaben übernehmen – ein Zustand, der geblieben ist. Pflegekräfte springen auch heute noch selbstverständlich ein, um ihrem Team oder den Kollegen zu helfen, weil sie sonst zu wenige wären oder der Kollegin, die sonst allein auf der Station wäre. Sie müssen sich bewusst werden, dass es nicht in ihrer Verantwortung liegt, den Dienst auf der Station abzudecken und dafür zu sorgen, dass genügend Personal da ist, sondern in der des Arbeitgebers. Es ist Aufgabe der Bereichsleitung und nicht zuletzt der Pflegedirektion. Werden diese Schichten von vorneherein mit zu wenig Personal geplant und fällt dann zusätzlich jemand krankheitsbedingt aus, ist es nicht Aufgabe der Pflegekräfte, das zu kompensieren. Sie haben ihre Arbeit geleistet. Wenn sie noch mehr arbeiten, laufen Sie Gefahr, in einen Zustand zu kommen, unter dessen Einfluss sie die Qualität der Patientenversorgung im normalen Alltag nicht gewährleisten können, weil sie kaputt und ausgebrannt sind.

Pflegekräfte dürfen Nein sagen, sie müssen es sogar. Aber einige haben Angst, sich der Anweisung des Vorgesetzten zu widersetzen oder Sorge, als unkollegial zu gelten. Wenn aber alle Pflegekräfte das ständige Aushelfen einstellen, würde es nicht mehr so weitergehen. Denn auch rechtlich sind sie nicht dazu verpflichtet, einzuspringen. Zu einem bestimmten Zeitpunkt muss der Dienstplan für einen Monat feststehen und wenn dieser veröffentlicht ist, gilt er für die Arbeitnehmer und die Arbeitgeber. Das heißt, ich kann mich auf diesen offiziellen Dienstplan berufen. Nur in Ausnahmefällen ist der Arbeitnehmer tatsächlich dazu verpflichtet, ohne vorherige Planung zur Arbeit zu erscheinen. Dies ist zum Beispiel bei einer Evakuierung, einem Brand oder einer Bombendrohung der Fall, oder wenn aufgrund einer Epidemie die Hälfte der Belegschaft des Krankenhauses krank gemeldet ist. Dann ist das Einspringen notwendig. Diese Fälle sollten Ausnahmen sein, für Pflegekräfte in Deutschland ist das Einspringen aber die Regel. Sie werden am Wochenende oder im Urlaub angerufen und gefragt, ob sie aushelfen oder eine Schicht tauschen können. Damit dringt die Arbeit, die Erholungszeiten unbedingt erforderlich macht, auch in diesen Phasen in das Leben der Beschäftigten ein.

Ebenso problematisch ist die Haltung gegenüber technischen Neuerungen in der Pflege. Es ist wichtig, dass wir uns damit beschäftigen, es gehört zu unserer Arbeit. In der Gastronomie arbeiten inzwischen die meisten Servicekräfte mit einem Gerät, mit dem sie die Bestellungen aufnehmen. Die Pflege in Deutschland ist in dieser Hinsicht eingefahren, in vielen Krankenhäusern wird der Großteil der Arbeit noch mit Papier und Stift erledigt. Der Umgang mit technischen Neuerungen wird oft als zu anspruchsvoll dargestellt und die Einführung dann schnell wieder verworfen. Es wird dabei nicht erkannt, dass sie Vorteile mit sich bringen und die Arbeit entlasten könnte.

Ein weiterer Punkt, den es zu kritisieren gilt, betrifft die Einstellung von manchen Pflegekräften. Zu oft habe ich es erlebt, wie examinierte Pflegekräfte Auszubildende, Praktikanten und FSJlern mit diesen oder ähnlichen Worten begrüßt haben: »Ach Gott, warum tust du dir das an?« oder »An deiner Stelle hätte ich etwas anderes gemacht, ich würde mich heutzutage nicht mehr für den Beruf entscheiden und es meinen Kindern auch nicht empfehlen«. Ein Drittel der Pflegekräfte denkt so.[92] Doch diese Sätze zu denken, ist etwas anderes, als es dem Nachwuchs am ersten Tag ins Gesicht zu sagen. Die meisten Auszubildenden starten höchst motiviert in den Beruf, aus Überzeugung, – nicht, weil sie nichts anderes gefunden haben. Auch wenn die Auszubildenden schnell merken, dass die Arbeitsbedingungen keinesfalls ideal sind, ist es nicht sinnvoll, die jungen Pflegekräfte so zu demotivieren, dass sie nach wenigen Tagen ähnliche Gefühle der Frustration haben wie diejenigen, die schon seit dreißig oder vierzig Jahren dabei sind. Den Beruf durch und durch negativ darzustellen zieht andere schnell mit runter. Natürlich kann ich die Frustration nachvollziehen, Pflegekräfte kommen häufig an ihre Grenzen, seit Jahren verschlechtern sich die Zustände und die Politik schaut zu. Doch für etwas zu kämpfen, war schon immer besser, als sich gemeinschaftlich selbst zu bemitleiden. Die Chance, die examinierte Pflegekräfte haben, ist es, die neuen Pflegekräfte zu unterstützen und zu motivieren, sodass sie dabeibleiben und später zur Entlastung beitragen. Andernfalls müssen wir uns nicht darüber wundern, wenn viele zu einem frühen Zeitpunkt die Ausbildung abbrechen. Die verbesserungsbedürftigen Arbeitsbedingungen sind das eine, aber die Unterstützung durch die Kollegen ist das andere.

Pflege betrifft nicht nur die Menschen, die in der Pflege arbeiten und diejenigen, die gepflegt werden sowie deren Angehörige, sondern sie geht jeden Einzelnen von uns an. In den Medien wird diese Tatsache häufig verzerrt dargestellt. Denn oft werden nur Bilder von alten Menschen gezeigt, wenn es um Pflege geht. Dabei können auch junge Menschen von Pflege abhängig sein. Denn wenn uns durch ein einschneidendes Ereignis die Fähigkeit verloren geht, völlig selbstständig zu handeln, dann sind auch wir auf Pflege angewiesen. Eine Frau steigt in ihr Auto, geht im Kopf noch einmal die letzten Punkte ihres Geschäftsplans durch und wird plötzlich von einem Lastwagen erfasst. Ein Dachdecker freut sich, dass er abends bei seinen Kindern sein kann, doch unerwartet rutscht er ab und wird dort nicht ankommen. Ein Student feiert mit seinen Freunden und übersieht eine Treppenstufe. Der eine Wimpernschlag. Alle drei verbindet, dass sie von jetzt auf gleich pflegebedürftig sind. Fällt es Ihnen schwer, so etwas zu lesen? Natürlich. Sollte man darüber reden? Ja, und das nicht aus voyeuristischen Gründen oder aus Mitleid, sondern damit Krankheit und Pflegebedürftigkeit in der Mitte der Gesellschaft ankommen. Damit diese Last nicht nur die unmittelbar Betroffenen bewältigen müssen.

Doch momentan ist es so, dass über Themen wie Pflege, Krankheit und Tod geschwiegen wird. Erst wenn sie unwiederbringlich in das eigene Leben eindringen, beschäftigen sich die Menschen damit, dann sprechen sie darüber. Aber meist ist es schon zu spät. Ich erlebe diese Planlosigkeit, diese Überforderung sehr oft im Krankenhaus. Viele Menschen haben nie darüber gesprochen, wie ihre Familie damit umgehen soll, wenn sie pflegebedürftig werden. Dieses

Schweigen zu durchbrechen ist häufig eine große Herausforderung.

Das Sprechen über Krankheit und Tod kann heilsam und hilfreich sein, um zu akzeptieren, dass sie zu unserem Leben dazugehören. Das trifft auch auf psychische Erkrankungen zu. Ihre Krankheitsbilder sind vielschichtig und sie haben zum Teil einen sehr komplexen Einfluss auf das ganze Leben, aber letztendlich sind sie auch Krankheiten, die in vielen Fällen behandelt werden können. Krankheiten, die entstehen, ohne dass der Betroffene etwas dafür kann. Aber diese Erkenntnis ist in der Gesellschaft längst nicht überall angekommen. Der Suizid des ehemaligen Nationaltorwarts Robert Enke hat das deutlich gemacht. Er hat keinen anderen Ausweg gesehen, als sich mit Anfang dreißig das Leben zu nehmen. Viele haben es nicht verstanden. Wer Depressionen hat, ist schwach, soll sich mal zusammenreißen, ist manchmal zu hören. So simpel ist es nicht. Würden wir öfter miteinander ins Gespräch kommen, öfter die eigene Verletzlichkeit thematisieren, könnten Patienten ein zufriedeneres Leben führen und Angehörige besser vorbereitet sein. Und die Versorgung der Patienten und die Arbeitsbedingungen der Pflegekräfte würden sich verbessern, wenn alle Menschen verstehen würden, dass Krankheit und Tod nicht so weit vom eigenen Leben entfernt sind, wie es sich manchmal anfühlt und wie man es sich wünscht.

Es reicht der Blick auf eine Geburtstagskarte – man wünscht dem anderen doch meist keinen neuen 60-Zoll-Fernseher, sondern Gesundheit. Es soll ihm so lange wie möglich gut gehen. Und werden Menschen gefragt, was ihnen in ihrem Leben am wichtigsten ist, antworten sie: »Dass es mir, meiner Familie und meinen Freunden gut geht, dass wir lange gesund bleiben«. Dann frage ich mich, warum die Gesellschaft so lange zuschaut, obwohl der Aufschrei der Pflegekräfte immer lauter wird. Sie berichten von katastrophalen Arbeitstagen und miserablen Zuständen in Pflegeheimen und Krankenhäusern. Das kann doch nicht völlig an den Menschen vorbeigegangen sein. Aber dafür geht niemand auf die Straße oder nur sehr wenige Menschen, die nicht in der Pflege tätig sind. Wenn jeder Einzelne endlich damit anfängt, für die Pflegekräfte und Patienten, und für die eigene gute Versorgung zu kämpfen, schaffen wir ein enormes Potential, die Pflege zu verbessern.

Ebenso hat der Einzelne die Chance, auf das Bild der Pflege Einfluss zu nehmen. Die üblichen, negativ konnotierten Fragen und Aussagen wie »Warum machst du das denn?«, »Ich würde mir das ja nicht antun« oder »Musst du Menschen den Hintern abwischen, ist das nicht eklig?« sollten vermieden werden. Denn die Pflege ist ein anspruchsvoller und komplexer Beruf – wie in manch anderen Länder auch anerkannt wird. In Norwegen ist es mir passiert, dass die Leute sagen: »Wow, das ist ja schön, dass du den Beruf ausübst.« Das höre ich in Deutschland fast nie, und das macht es schwierig, einige Positionen zu vertreten. Wenn ich etwa sage, dass ich für einen besseren Lohn einstehe, wird oft gesagt: »Wenn du vernünftig Geld verdienen willst, dann hättest du etwas anderes machen sollen, dann gehst du nicht in die Pflege.«

Dadurch ergreifen viele Menschen diesen Beruf erst gar nicht. Traditionell gilt die Pflege seit langer Zeit als Frauenberuf. Dieses Bild beruht auf den vermeintlich weiblichen Fähigkeiten, die für den Beruf notwendig sind. Die einen denken an Mutter Teresa, die anderen an sexy Karnevalskostüme, wenn sie nach der »Schwester« rufen. Die Männer, die sich für den Beruf entscheiden, gelten oft als verweichlicht. Dabei bedeutet der Beruf des Gesundheits- und Krankenpflegers schwere körperliche Arbeit, Tag für Tag. Daher ist es höchste Zeit, mit diesem klischeebehafteten Berufsbild aufzuräumen. An dieser Stelle muss die Gesellschaft anders agieren als bisher, damit der Beruf, der in Zukunft immer wichtiger wird, auch selbst eine Zukunft hat. Und nicht nur die Politik, die Betriebe und die Pflegekräfte müssen alte Strukturen aufbrechen, jeder Einzelne ist gefordert. Nur gemeinsam kann es uns gelingen, den Pflegenotstand zu beenden.

KAPITEL 4

EIN BLICK ÜBER DEN TELLERRAND

Wagen wir einen Blick über den Tellerrand: Wie ist es in anderen Ländern? Wie ist dort die Pflege organisiert? Fest steht: Pflege ist heutzutage kein leichtes Unterfangen, viele Länder haben mit einer veränderten Demographie, einer immer älter werdenden Gesellschaft zu tun. Besonders Japan steht vor großen Herausforderungen. Dennoch gibt es Ansätze und gut funktionierende Konzepte, die auch für uns in Deutschland denkbar wären.

In zwanzig Ländern der EU ist die Pflege ein Studium[93], wird zum Teil mehr wertgeschätzt und auch besser entlohnt. Kein Wunder, dass deutsche Pflegekräfte auswandern. Die dafür angegebenen Gründe sind eine geringe Personalbesetzung (82%), begrenzte Entscheidungsbefugnisse (76%), schlechtes Gehalt (66%), fehlendes Lob und Anerkennung (65%), ein schlechtes Arbeitsumfeld (52%), schlechte Zusammenarbeit mit Ärzten (42%), Burnout (30%) und schlechte Weiterbildungsmöglichkeiten (30%).[94] Die Niederlande und Norwegen sind beliebte Zielländer, deshalb lohnt es sich, diese beiden Länder besonders unter die Lupe zu nehmen. Zusätzlich möchte ich einen Blick nach Übersee wagen, um die Bedingungen in Kalifornien und die Technikaffinität der Japaner zu betrachten.

NORWEGEN

Den Alltag einer deutschen Pflegekraft, die sich in der Regel um dreizehn Patienten kümmern muss, haben wir bereits kennengelernt. Wie sieht jedoch der Alltag einer norwegischen Pflegekraft aus, die sich nur um weniger als die Hälfte der Patienten kümmern muss? Davon konnte ich mir selbst ein Bild machen, als ich im Rahmen einer Reportage nach Norwegen[95] geflogen bin. Dort scheint alles besser zu sein: Der Umgang mit Rollenbildern, das Bildungssystem, die Verteilung des Wohlstandes und ja, auch die Pflege. Wenn Kollegen oder Experten sich über vorbildliche Pflegesysteme unterhalten, könnte man glauben, sie sprechen nicht über Norwegen, sondern über das Schlaraffenland. Aber trifft das tatsächlich zu?

Das Flugzeug fliegt über grüne, neblige Wälder und landet schließlich in Oslo. Im Universitätsklinikum von Oslo, einer der größten Kliniken in Kontinentaleuropa, darf ich die Pflegekräfte bei ihrer Arbeit begleiten. Es sieht zwar nach einem Krankenhaus aus, aber es fühlt sich nicht danach an – jedenfalls nicht nach einem deutschen. Die Menschen lächeln, Patienten und Personal. Auf der Intensivstation ist es ruhig, auf der Kinderstation wird herumgealbert. Ich kann mir gut vorstellen, dass Menschen hier wirklich gesund werden können. Der Stress, der in deutschen Krankenhäusern in der Luft hängt, die Hektik, die Gefahr – all das ist hier nicht zu spüren. In Deutschland ist das auf den Personalmangel und den Kostendruck zurückzuführen, am Ende muss alles richtig abgerechnet sein, die Dokumentation muss stimmen. An einem Ort, der Menschen helfen und sie wieder gesund machen soll, ist so ein auf Effizienz ausgerichteter Fokus unverständlich. Hier in Norwegen ist das Krankenhaus wirklich ein Ort, an dem geholfen wird um des Helfens willen und nicht, um Profit daraus zu schlagen. Aber warum?

Das Gesundheitssystem in Norwegen ist grundsätzlich anders aufgestellt als das deutsche, ein Großteil der Kliniken ist in staatlicher Hand, die meisten werden kommunal verwaltet. In Deutschland teilt sich hingegen die Trägerschaft in staatliche, private und frei-gemeinnützige Träger auf. Dabei ist in den letzten zwanzig Jahren ein steigender Anteil privater Träger auszumachen, während die Zahl der öffentlichen und frei-gemeinnützigen Träger erkennbar sinkt.[96] Die Finanzierungsstruktur unterscheidet sich ebenfalls, in Norwegen gibt es einen Versicherungsfond für Gesundheitsdienstleistungen, Pensionen, Arbeitslosenunterstützung, Krankengeld und Sozialleistungen. Er setzt sich zu einem Teil aus Beiträgen und zum anderen aus Steuermitteln zusammen. Jeder Arbeitnehmer zahlt 7,8 Prozent seines Bruttoeinkommens, Selbstständige zahlen 11 Prozent. Die Arbeitgeber, und das ist deutlich mehr als in Deutschland, zahlen 14,1 Prozent in diesen Sozialversicherungsfond ein.[97] Die Leistungen werden aus diesem Fond bezogen, ein Äquivalent zu unserer Krankenkassen- und Pflegeversicherung. Zum Vergleich: Die deutschen Arbeitnehmer zahlen insgesamt knapp zwanzig Prozent ihres Bruttoeinkommens in die Sozialversicherungssysteme ein, das ist mehr als der norwegische Beitrag von 7,8 Prozent, aber unter dem Strich haben die Norweger trotzdem genügend Geld zur Verfügung. Das liegt vor allem daran, dass sie keine Beitragsbemessungsgrenze haben. Menschen mit unteren und mittleren Einkommen tragen in Deutschland die Hauptlast.

Anders als in Norwegen, hier zahlt jeder den gleichen Prozentsatz seines Einkommens in die sozialen Sicherungssysteme ein. Alle Bürger beteiligen sich gleichermaßen an der Finanzierung des norwegischen Gesundheitssystems. Die Konsequenz: Ein geringerer Kosten- und Leistungsdruck als in Deutschland. Das System ist nicht den Regeln des Marktes unterworfen. Es ist kein reines Wirtschaftssystem, das die Zahlen in den Mittelpunkt rückt, sondern den Menschen. Die Patienten werden nicht so schnell wie möglich aus der Klinik entlassen, es wird nicht an Personal gespart, um immer höhere Gewinne zu erzielen und steigende Renditeerwartungen zu erfüllen.

Dass tatsächlich genügend Personal vorhanden ist, fällt mir als Erstes bei meinem Besuch in der Osloer Klinik auf. Bei der morgendlichen Besprechung auf der Intensivstation drängen sich zwanzig Pflegekräfte in einem Raum. Sie betreuen lediglich elf Patienten. Eine beeindruckende Zahl im Vergleich mit Deutschland. Ein Patient bekommt damit beinahe zwei Pflegekräfte zur Seite gestellt. In Deutschland wäre selbst eine 1:1 Versorgung utopisch. Zwar lautet die Empfehlung der Deutschen Gesellschaft für Anästhesiologie und Intensivmedizin, eine Pflegekraft solle nur ein bis zwei Patienten betreuen, aber sie wird von vielen Kliniken nicht eingehalten. In Norwegen ist die meiste Zeit eine Pflegekraft in unmittelbarer Nähe zum Patienten. Das vermittelt ihm ein Gefühl von Sicherheit und Fürsorge.

Auf der Intensivstation bemerke ich gleich, dass die Pflegekräfte flüstern. Sobald sie lauter werden, macht eine Lärmampel sie darauf aufmerksam. Unterhalten sie sich in normaler Lautstärke, zeigt die Ampel gelb an. Auch die vielen technischen Geräte sind deutlich leiser, kein lautes Piepsen oder laute Alarme. Wenn ein Mensch auf der Intensivstation liegt, ist sein Leben so akut gefährdet, dass die Vitalparameter wie Blutdruck, Herz- und Atemfrequenz, Sauerstoffsättigung und EKG-Ableitung permanent überwacht werden. Gerät einer dieser Parameter aus den festgelegten Grenzen, gibt es ein akustisches und ein visuelles Signal. Da die Pflegekräfte sich in Norwegen ohnehin meist in der Nähe des Patienten befinden, reicht ihnen das visuelle Signal auf dem Monitor. In Deutschland müssen die Alarme hingegen zwangsläufig über größere Distanzen hinweg hörbar sein, weil die Pflegekräfte auf den Intensivstationen mehrerer Patienten gleichzeitig betreuen. Auch deswegen ist die Atmosphäre in Deutschland eine gänzlich andere. Es herrscht große Betriebsamkeit. Das unterbesetzte Personal rennt durch die Flure, geht in die Räume hinein und wieder hinaus, von einem Patienten zum anderen. Licht an, Licht aus, Ton an, Ton aus, lautes Zurufen, laute Schritte. Für die Patienten, aber auch für die Pflegekräfte, bedeutet das Stress.

Auf den anderen Stationen, die ich im Osloer Krankenhaus besichtige, ist diese Betriebsamkeit ebenfalls nicht sichtbar. Die Pflegekräfte hetzen nicht im Laufschritt über die Flure, sondern gehen gemächlich, jedenfalls sofern keine Notfallsituation besteht. Sie unterhalten sich mit dem Patienten, nehmen ihm seine Ängste, bereiten ihn auf eine bevorstehende Operation oder den Umgang mit einer gerade diagnostizierten Krankheit vor. Die durchschnittliche Zahl, die die erwähnte Studie nennt, trifft hier tatsächlich zu: Eine Pflegekraft kümmert sich um durchschnittlich 5,4 Patienten in einer Schicht[98], wie mir die Kollegen in Oslo bestätigen. Das ist für uns in Deutschland eine weit entfernte Wunschvorstellung, denn wir sind mit einem durchschnittlichen Personalschlüssel von 1:13 bei fast der dreifachen Anzahl von Patienten pro Pflegekraft.

Deshalb wundert es mich kaum, dass unter den Pflegekräften im Osloer Krankenhaus auch deutsche Auswanderer sind. Ein Kollege hat seine Ausbildung zum Gesundheits- und Kinderkrankenpfleger in Berlin gemacht und ist vor dreizehn Jahren nach Norwegen gegangen. Er arbeitet auf der chirurgischen Kinderstation und erzählt, wie er es genießt, Zeit für die Kinder zu haben, ganz für sie da zu sein, mit ihnen zu spielen, ihnen die Ängste zu nehmen und mit den Eltern in Ruhe über die Erkrankung sprechen zu können. Diese Nähe ist wichtig. Wenn etwa ein Patient Hilfe benötigt und daher klingelt, braucht die Pflegekraft meist nicht länger als dreißig Sekunden, bis sie den Patienten erreicht, berichten mir die Osloer Kollegen. Jeder, der in Deutschland einmal im Krankenhaus lag, weiß, dass er meist länger warten muss, bis er Unterstützung bekommt. In Norwegen scheint es ein absolutes No-Go zu sein, den Patienten länger als eine Minute warten zu lassen. Es sind immer genügend Pflegekräfte da, um den Unterstützungsbedarf der Patienten zeitnah zu decken.

Ich lerne eine deutsche Krankenpflegerin kennen, die seit etwa zehn Jahren in Norwegen lebt. Sie ist dafür zuständig, dass die gute Versorgung bestehen bleibt. Daher überprüft sie, ob überall genügend Pflegekräfte zur Verfügung stehen, damit eine gute Patientenversorgung sichergestellt werden kann. Sie kümmert sich also nicht darum, in welchem Bereich noch Stellen gestrichen werden können, um Kosten zu senken. Im Gegenteil, ihre Aufgabe besteht darin, zu ermitteln, wo der pflegerische Aufwand zu groß ist, wo ein höherer Bedarf an Pflegekräften erforderlich ist. Aber das ist eben nur dann möglich, wenn nicht der Kostendruck, sondern die Qualität der Patientenversorgung im Mittelpunkt des Handelns steht, wenn die Behandlung von Menschen keine Frage des Geldes ist.

Als ich die Pflegekräfte in Norwegen frage, ob sie sich vorstellen können, unter den Bedingungen, die bei uns in Deutschland herrschen, zu arbeiten, ernte ich ein Lachen. Im Leben nicht. Nicht weil es zu anstrengend wäre, sondern weil sie die Menschen nicht mehr vernünftig pflegen könnten, antworten sie mir. Die deutsche Kollegin erklärt, dass bei ihren Patienten auf der Intensivstation viel Arbeit anfällt. Wenn sie drei oder gar vier Patienten zu betreuen hätte, würde sie mit ihrem Leben spielen: »Das ist Russisch Roulette.« »Aber Alltag in Deutschland«, entgegne ich. Und sie: »Deswegen bin ich hier.«

Deshalb wandern deutsche Pflegekräfte aus. Nicht wegen der höheren Löhne oder wegen der Schönheit dieses Landes, sondern weil sie hier ihren Job menschenwürdig ausüben können. In Deutschland war das für sie nicht möglich. In Norwegen sind sie nicht jeden Tag inneren moralischen Konflikten ausgesetzt. Ob Fehler in der Hygiene, der Prophylaxe oder bei der Medikamentengabe – die Wahrscheinlichkeit, dass dem Patienten in Norwegen etwas zustößt, ist deutlich geringer als in Deutschland. Bei der Medikamentengabe gilt stets das Vier-Augen-Prinzip. Selbst bei alltäglichen, weniger gefährlichen Medikamenten, wird stets zu zweit überprüft, ob alles seine Richtigkeit hat. Vier Augen sehen ohne Frage mehr als zwei, aber auch dieses Prinzip ist in Deutschland nicht praktikabel. Die bereits erwähnten Zahlen des Nachtdienst-Checks, die ver.di ermittelt hat, zeigen das eindrücklich: 64 Prozent der Pflegekräfte sind nachts alleine auf der Station.

Ich habe mich nicht nur mit Pflegekräften unterhalten, sondern auch mit einigen Patienten. Sie schienen mir insgesamt deutlich zufriedener zu sein als das in Deutschland der Fall ist. Ein Patient berichtet mir, er fühle sich sehr wohl, schätze die umfassende Betreuung und hätte außerdem immer einen Ansprechpartner. Auf diese Weise finden die Patienten auf einer anderen Ebene Zugang zu den Mitarbeitern und können ihre Probleme offen ansprechen. In Deutschland hat die Pflegekraft kaum Zeit, sich mit dem Patienten länger zu unterhalten und eine richtige Bindung zu ihm aufzubauen. Dabei könnte sie so vielleicht auf Umstände in seinem Privatleben stoßen, die mit zur Entstehung der Krankheit beigetragen haben.

Insgesamt können die norwegischen Pflegekräfte ihren Patienten wesentlich mehr mitgeben – durch das Plus an Personal und Zeit können sie Prophylaxen umfangreicher anwenden, besser beraten und besser versorgen. Die Patienten verlassen das Krankenhaus erst, wenn die Wunde gut ausgeheilt ist, sie fitter sind und wissen, wie sie mit der Erkrankung oder Behandlung in ihrem Alltag umgehen sollen. Sie werden nicht wie bei uns in Deutschland nach kurzer Zeit vor die Tür gesetzt, weil die Krankenhäuser sonst Verluste einfahren. In dieser Hinsicht verfolgt das norwegische System eine langfristige Strategie: Mehr Pflegekräfte, weniger Kostendruck. Dadurch ergeben sich dauerhaft eine bessere Qualität in der Versorgung und weniger nachgelagerte Kosten.

Auch die Konzeption der Ausbildung ist anders. In Norwegen erfolgt der Zugang zum Pflegeberuf über ein Hochschulstudium. Dieses ist praxisorientiert, sodass die Studenten oft im Krankenhaus anzutreffen sind. Dort erklären die Pflegekräfte ihnen nicht schnell ein paar Dinge, die sie dann schon als billige Arbeitskräfte übernehmen können. Die Studenten werden vielmehr als das, was sie sind, aufgefasst: Lernende. Insofern sind sie auch nicht Teil des Stellenplans. Die Studenten bestätigen mir dies. Sie seien nicht hier, um hauswirtschaftliche Arbeiten zu machen, sondern um eine gute und professionelle Pflege zu erlernen. Sie beschäftigen sich mit dem Patienten, mit seiner Pflege – fast ausschließlich in Begleitung einer Pflegekraft. Sie ist für die Betreuung der Studenten verantwortlich, zeigt ihnen alles und beantwortet ihre Fragen. Dadurch sind die Studenten dazu in der Lage, viele theoretische Lerninhalte in die Pflege einzubinden, beispielsweise in Bezug auf die Beratung. Das fehlt in Deutschland, Auszubildende müssen zum Teil sogar dafür kämpfen, vernünftig angeleitet zu werden.

Vielleicht beeinflusst die Tatsache, dass in Norwegen ein Studium zum Beruf führt, das Bild der Pflege dort. Die Pflegekräfte in Oslo berichten mir, dass der Beruf gesellschaftlich hoch angesehen sei, nicht nur, weil er körperlich anstrengend und herausfordernd ist, sondern auch wegen der vielfältigen Ansprüche, die die Komplexität der Pflege mit sich bringt. Durch das Studium trägt die Pflegekraft größere Verantwortung in ihrem Arbeitsalltag. Sie ist in ihrer Arbeit deutlich unabhängiger. Die bei uns – zumindest in vielen Köpfen – vorherrschende Hierarchie, dass der Arzt über der Pflegekraft steht, gibt es in Norwegen nicht. Das haben sowohl Ärzte als auch Pflegekräfte immer wieder betont. Sie sind ein Team. So antwortete ein nach Norwegen ausgewanderter Mediziner auf die Frage, woran er sich wieder gewöhnen müsse, wenn er nach Deutschland zurückkehre: Die Hierarchie. Für beide Seiten, Ärzte und Pflegekräfte, scheint die flache Hierarchie eine deutlich angenehmere und vor allem produktivere Arbeitsatmosphäre zu schaffen.

Wenn ich mir die Unterschiede vor Augen führe, bedaure ich, dass es bei uns in Deutschland anders ist. Als Gesundheits- und Krankenpfleger ist man nicht von der Anerkennung der Gesellschaft abhängig, aber es ist schade, wie wenig die wertvolle und anspruchsvolle Arbeit, die wir Pflegekräfte täglich leisten, geschätzt wird – Studium hin oder her. Nicht nur der Personalschlüssel, sondern auch die gesellschaftliche Anerkennung des Berufes tragen somit dazu bei, dass es um die Pflege in Norwegen besser steht als in Deutschland.

Ein weiterer großer Unterschied ist der Umgang mit der Digitalisierung. Die Osloer Klinik ist in dieser Hinsicht sehr fortschrittlich. Die Flüssigkeitsbilanz der Patienten auf der Intensivstation muss genau dokumentiert und ausgewertet werden. In Deutschland halten die Pflegekräfte diese Informationen häufig noch auf Papier fest. In Norwegen wird ein Großteil dieser Werte mittels Sensoren erfasst und direkt an ein Computersystem weitergeleitet. Automatisch werden dann Diagramme erstellt, die zeigen, wie sich der Flüssigkeitshaushalt des Patienten entwickelt hat, wie viel Wasser sein Körper verloren und aufgenommen hat. Diese visuelle Darstellung erleichtert den Pflegekräften, aber auch den Ärzten ihre Arbeit. Entwicklungen und Veränderungen des Patienten werden dadurch noch besser sichtbar gemacht. Dies gilt auch für die regelmäßige Analyse der Blutgase per Blutentnahme. Sie wird mithilfe von Geräten ermittelt, die die Werte ebenfalls direkt an das Programm übermitteln. Zudem erinnert das Programm zeitgerecht an Medikamentengaben. Auf dem Monitor erscheint dann eine Meldung mit der Information, welches Medikament in welcher Form und Dosis zu welchem Zeitpunkt verabreicht werden soll. Die Verlegung eines Patienten auf eine andere Station ist daher aus verwaltungstechnischer Sicht kein hoher Aufwand. In Deutschland verlieren die Pflegekräfte ohne diese Technik viel Zeit. Sie müssen doppelte Arbeit erledigen: erneut Bögen mit Patienteninformationen ausfüllen und unterwegs gehen dann häufig noch Informationen verloren.

Die Technik in Norwegen hat mir imponiert, wie auch ihr modernes Interface. Viele deutsche Kliniken sind davon mit ihrer längst überholten technischen Ausstattung weit entfernt. Bis solche Innovationen Einzug halten, scheinen noch Jahrzehnte vergehen zu müssen. Bevor ich nach Oslo gereist bin, dachte ich in Deutschland öfter darüber nach, wie sehr es unseren Alltag in der Klinik erleichtern würde, wenn wir technisch auf einem anderen Stand wären. Aber mein Optimismus war stets schnell verflogen. Und dann stehe ich da, in einer norwegischen Klinik, nur knapp tausend Kilometer von zu Hause entfernt und finde all das vor. Es fühlt sich an wie eine andere Welt oder die Zukunft, als hätten wir das Jahr 2050.

Ebenfalls fortschrittlich, da sie sich dem Lebenswandel der Menschen anpasst, ist die teilweise verkürzte Arbeitszeit in Norwegen. Die tarifliche Arbeitszeit von den Beschäftigten des Osloer Universitätsklinikums liegt laut den Angaben der Pflegekräfte, mit denen ich gesprochen habe, bei 33,5 Stunden in der Woche – das ist Vollzeit und wird dementsprechend entlohnt. Etwa 4500 Euro verdient eine norwegische Pflegekraft laut dem Statistikamt Norwegen im Monat.[99] Die Pflegekräfte können freiwillig einen Tag länger in der Woche arbeiten. Dieser Extra-Tag wird dann deutlich besser vergütet. Das heißt, alle Pflegekräfte arbeiten 33,5 Stunden pro Woche, aber denjenigen, die darüber hinaus Zeit und Kraft haben, steht es offen, etwas mehr zu arbeiten. Damit werden auch die älteren Pflegekräfte oder diejenigen mit großer familiärer Verantwortung entlastet. Sie können bei der 33,5-Stundenwoche bleiben und werden zudem häufig in Tageskliniken mit regelmäßigen Arbeitszeiten eingesetzt, sofern der Wunsch danach besteht.

Ein solches Anreizsystem hat viele Vorteile, aber in Deutschland fehlt das Verständnis, oft heißt es: »Weniger arbeiten, mehr verdienen. Wie soll das funktionieren?« In Norwegen funktioniert es. Und vielleicht fehlt uns die Vorstellungskraft, weil wir es gewohnt sind, uns kaputt zu ackern. Die Norweger hingegen schätzen ihre Work-Life-Balance. Wenn im Arbeitsvertrag 40 Stunden in der Woche festgelegt sind, arbeiten sie 40 Stunden. Ein Klinikarzt, der vorher in Deutschland war, erzählt mir, dass er nicht wesentlich mehr verdiene, aber zufriedener sei. Das Klima sei offen und locker, die Kommunikation mit den Pflegekräften harmonisch, die Patienten fühlten sich wohl und zudem habe er deutlich mehr Zeit für seine Familie, die Kinder, für sein Privatleben. So sehen das auch seine Kollegen. Und die NEXT-Studie bestätigt ja genau das: Die zufriedensten Pflegekräfte leben in Norwegen.[100]

Damit das auch so bleibt, setzen sich die norwegischen Pflegekräfte für ihren Beruf ein. Ein großer Teil der Pflegekräfte ist Mitglied einer Gewerkschaft, sie selbst sind für ihre guten Arbeitsbedingungen, die niedrigen Arbeitszeiten und die höheren Löhne verantwortlich. Sie haben sich nicht ins gemachte Nest gesetzt, sie sind für sich eingetreten. Das kann uns ein Vorbild sein, denn es bringt nichts den Blick nach Norwegen zu richten und in Träumen zu versinken, wie schön es doch sein könnte.

Es gibt genügend Beispiele, dass es funktionieren kann, wenn man sich vereinigt. Zum Beispiel im Nachbarland Norwegens, in Finnland. Dort führten 13 000 Pflegekräfte der Gewerkschaft Tehy (The Union of Health and Social Care Professionals in Finland) im Jahr 2007 einen eher ungewöhnlichen Arbeitskampf. Und das in einem Land, das insgesamt gerade einmal über 32 500 Pflegekräfte verfügt.[101] Die Pflegekräfte wollten nicht nur streiken, sondern drohten damit, zu kündigen, wenn ihr Lohn nicht erhöht werde. Sie verlangten 500 Euro zusätzlich im Monat, so viel wie ihre schwedischen Kollegen, die Krankenhäuser boten ihnen 30 Euro an.[102] Da die Pflegekräfte vorbrachten, dass sie ihre Kündigung alle am selben Tag einreichen würden, sofern ihre Forderung nicht umgesetzt würde, bereitete sich Finnland auf den Ausnahmezustand vor. Das Militär wurde für Evakuierungen mobilisiert,[103] Helikopter flogen Patienten nach Schweden[104] und in Kooperation mit deutschen Krankenhäusern wurden Notfallpläne erstellt.[105] Die Patientensicherheit ist bei einer solchen Massenkündigung in größter Gefahr – aber dazu kam es nicht. In letzter Sekunde, am Tag der angedrohten Kündigungen, gab es eine Einigung der Tarifparteien, also der Gewerkschaft und den Vertretern der Gemeinden. Die Pflegekräfte erkämpften eine Lohnerhöhung von rund 20 Prozent.[106] Das verdeutlicht, wie groß die Kraft sein kann, die wir gemeinsam entwickeln können, um Veränderungen herbeizuführen.

Denn die Pflegekräfte in Deutschland können und müssen etwas ändern. In Norwegen fühlte ich mich wie in einem Traum, weit weg vom deutschen Alltag. Noch immer habe ich die gute Laune der Pfleger und Patienten vor Augen, die entspannte Atmosphäre, den respektvollen Umgang zwischen Ärzten und Pflegern und die Pflegekräfte, die mit Cityrollern durch die Klinikflure fuhren. In Norwegen bekommen die Patienten die würdevolle Unterstützung, die sie benötigen. Während ich einerseits deutlich spürte, warum ich mich für die Pflege entschieden habe, war es andererseits auch ein Schockmoment. Ich habe gemerkt, dass man sich daran gewöhnt, wie es in Deutschland zugeht. Wir gewöhnen uns daran, dass es schnell gehen muss, dass wir keine Zeit haben, uns mit einem Patienten länger zu unterhalten, keine Zeit, um auf seine individuellen Bedürfnisse einzugehen. Und auch daran, dass wir privat unter Strom stehen. Die Norweger scheinen im Gegensatz zu uns genug Zeit für ihr eigenes Leben und auch genug Geld zur Verfügung zu haben, um es zu genießen.

Dass sie deutlich weiter sind als wir, liegt nicht nur daran, dass sie mehr Personal haben, eine bessere digitale Ausrüstung, nicht nur daran, dass sie mehr verdienen und weniger arbeiten. Die Gesamtheit und das Zusammenspiel dieser Faktoren sind ausschlaggebend, sie alle machen die Pflege in Norwegen so ausgezeichnet. Deshalb ist der Beruf dort attraktiv und sehr umworben. Ein Beruf, von dem Kinder sagen: »Ich will später unbedingt Pflegekraft werden.«

Ich blicke auf die Zeit in Norwegen mit einem lachenden und einem weinenden Auge zurück, denn einerseits habe ich verstanden, dass gute Pflege möglich ist, andererseits sind mir unser Rückstand und unsere Missstände noch deutlicher vor Augen geführt worden. In Deutschland können wir nicht verlangen, dass es von jetzt auf gleich wie in

Norwegen zugeht. Das ist keinesfalls so schnell umsetzbar. Aber wir sollten darüber nachdenken, was wir von den Norwegern lernen können.

NIEDERLANDE

Auch die Niederlande haben in den letzten Jahren neue Ideen und Konzepte entwickelt und umgesetzt, um ein gutes Pflegesystem aufzubauen. Vor einem Jahrzehnt standen sie noch vor ähnlichen Herausforderungen wie wir zurzeit in Deutschland. Die Pflegekräfte waren unzufrieden, verließen in großer Zahl den Beruf und die Patienten litten darunter. »Die Pflege in den Niederlanden war eine Industrie, die Menschen mehr schädigte als pflegte, als wir begonnen haben«[107], sagt Jos de Blok, selbst Krankenpfleger und heute der größte Arbeitgeber in der häuslichen beziehungsweise ambulanten Pflege.

2006 gründete Jos de Blok die Non-Profit-Organisation Buurtzorg Nederland, was so viel wie Nachbarschaftshilfe heißt. Mittlerweile arbeiten etwa 10 000 Pflegekräfte für Buurtzorg und das nicht nur in den Niederlanden, sondern auch in Japan, China, den USA, Großbritannien und Schweden. Auch in Deutschland wird an einem Pilotprojekt gearbeitet. Die niederländischen Mitarbeiter wählten ihren Arbeitgeber zum fünften Mal in Folge zum besten Arbeitgeber des Landes.[108] Aber was macht diesen Erfolg aus? Hohe Qualität der Pflege, gute Arbeitsbedingungen und geringe Kosten. Dies erreichte Jos de Blok mit Netzwerkorganisation und flachen Hierarchien. Das erklärte Ziel: Den Patienten schnell unabhängig von professioneller Pflege zu machen.[109] Doch klingt das nicht paradox?

Das könnte man meinen, wenn man das deutsche System betrachtet. Wenn die Patienten schnell wieder gesund werden, woher soll dann das Geld kommen? In Deutschland sind die ambulanten Pflegedienste wie viele Krankenhäuser in privater, aber auch in staatlicher oder frei-gemeinnütziger Trägerschaft. Wer einen Pflegedienst benötigt, nach einer Operation zum Beispiel oder im fortgeschrittenen Alter, hat die freie Wahl. Vielmehr als im Krankenhaus besteht hier ein Kunde-Anbieter-Verhältnis. Dem Patienten steht für seine Erkrankung oder seinen Pflegegrad ein Pflegegeld zur Verfügung, wovon er Leistungen einkaufen kann, zum Beispiel die Unterstützung bei der Körperpflege. Ist der Aufwand bei diesen Leistungen größer als veranschlagt, bekommt der Pflegedienst trotzdem nur den pauschalen Betrag ausgezahlt. Zusätzlich erschwert die wachsende Kundenzahl die Übersicht und die Strukturen der Pflegedienste in einer Stadt. Pflegekräfte müssen zum Teil weite Distanzen zurücklegen, um von einem Patienten zum anderen zu gelangen. Für den Patienten beziehungsweise Kunden ist das in der Theorie vorteilhaft, denn er kann sich den Pflegedienst aussuchen, der am besten bewertet ist. Allerdings sind die meisten Pflegedienste überlastet und gar nicht mehr im Stande, weitere Kunden aufzunehmen. Insofern hat sich die Marktsituation umgekehrt: Der Anbieter kann sich den Kunden aussuchen. Die weiten Strecken, die die Pflegekräfte von einem zum anderen Patienten zurücklegen müssen, ist letztlich die Zeit, die sie eigentlich mit der Versorgung der Patienten zubringen sollten.

Buurtzorg könnte eine Bereicherung für unser System sein. Aber was genau macht es so anders und erfolgreich? Buurtzorg ist in kleinen, ortsgebundenen Teams organisiert, es gibt keine Chefs und die Abrechnung richtet sich nach dem zeitlichen Aufwand und nicht nach Einzelleistungen. Die Teams bestehen aus zehn Pflegekräften und sie betreuen maximal 60 Patienten.[110] Die Pflegekräfte agieren im Umkreis und eigenverantwortlich, sie regeln die Planung und den organisatorischen Aufwand selbst. Die Pflegedienstleitung wurde damit überflüssig und abgeschafft.[111] Das hält die Kosten für die ambulante Pflege einigermaßen stabil, trotz des demographischen Wandels. Leistungen werden nicht mehr pauschal abgerechnet, sondern nach Stundenzahl. Die Praxis hat gezeigt, dass die Kosten damit nicht steigen, sondern sich anders verteilen oder sogar niedriger ausfallen[112] – und der Patient bekommt die Zeit, die er braucht. Zudem wird darauf geachtet, dass der Patient maximal von zwei Pflegekräften betreut wird und einen festen Ansprechpartner hat, der sich gut mit der Situation des zu Pflegenden auskennt.

Mit diesem Pflegesystem sind nicht nur die Arbeitnehmer zufriedener, sondern auch die Kunden. Der Kontakt zu den Pflegekräften ist eng und sie kennen sich daher gut mit der Situation und den Bedürfnissen der Patienten aus. Es werden keine unnötigen Wege gemacht und keine unnötigen Verwaltungskosten fällig, da die Pflegekräfte alles im Blick haben. Zudem gehen weniger Informationen verloren, wodurch auch weniger Folgekosten entstehen. Es wird effizient gearbeitet und trotzdem steht der Patient immer im Mittelpunkt. Da Buurtzorg eine Non-Profit-Organisation ist, fließt der Gewinn wieder in die Pflege zurück – investiert wird zum Beispiel in neue Technologien. Jede Pflegekraft hat ein Tablet, in das sie alle Daten eingibt und dann jederzeit darauf zugreifen kann. Das spart Papier und Zeit. All das vereinfacht die Pflege und Buurtzorg bleibt seinem Motto dabei treu: »Menschlichkeit vor Bürokratie«[113].

Menschlichkeit wird auch bei einem weiteren interessanten Versuchsprojekt aus den Niederlanden großgeschrieben. Es rüttelt gleich an zwei großen Problemen unserer Zeit: dem Pflegenotstand und der Wohnungsnot. Junge Menschen, besonders Studenten sind in Ballungszentren auf der Suche nach günstigem und vor allem verfügbarem Wohnraum. Warum also nicht einfach eine Wohngemeinschaft mit Senioren gründen? Denn auch ihnen sind zuweilen die Mietpreise zu hoch, wenn sie alleine leben. Aber in erster Linie mangelt es vielen älteren Menschen an Gesellschaft. Als ich bei der ambulanten Pflege tätig war, habe ich selbst beobachtet, dass eine hohe Zahl von Senioren einsam ist und die Pflegekräfte oft Teil ihrer wenigen sozialen Kontakte sind. Ihnen fehlt die Gemeinschaft, aber sie schaffen es nicht mehr, soziale Kontakte aufrecht zu erhalten oder neue zu knüpfen. Ein Senioren-Studentenwohnheim kann diese Probleme schmälern – zumindest für die Menschen, zu denen ein solches Modell passt.

In den Niederlanden funktioniert es folgendermaßen: Die Studenten ziehen in ein Altenheim und unterstützen die Senioren in ihrem Alltag und leisten ihnen Gesellschaft. Sie unterhalten sich, sie kochen gemeinsam oder spielen etwas. Die Studenten übernehmen dabei keine primär professionellen, pflegerischen Aufgaben. Sie helfen aber den Pflegekräften dabei, sich auf ihren Tätigkeitsbereich, die Pflege, konzentrieren zu können, da die pflegefernen Tätigkeiten von den Studenten kompensiert werden. Dafür wohnen die Studenten kostenlos, sie müssen lediglich auf dreißig Stunden im Monat kommen, die sie mit den Senioren verbringen. Das sind sieben Stunden in der Woche, nicht einmal ein Arbeitstag. Nach Arbeit fühlt sich das häufig auch gar nicht an, berichten die Studenten. Am Anfang hatte ein studentischer Mitbewohner noch Mitleid mit den Senioren, jetzt hat er sich ganz besonders mit der 92-jährigen Marty angefreundet: »Ich sehe unsere Freundschaft nicht irgendwie anders. Wir verstehen uns super, weil wir einander auf Augenhöhe begegnen, und das macht vieles einfacher. Marty inspiriert mich. Trotz ihres Alters will sie noch alles lernen und macht einfach das Beste aus ihrem Leben. Das finde ich super!«[114] Und eine andere Studentin hat eine ältere Mitbewohnerin sogar auf eine Studentenparty mitgenommen und mit ihr gemeinsam Bierpong gespielt.[115]

Ich könnte mir auch vorstellen, als Student in einer solchen Wohngemeinschaft zu leben. Sicher ist es unterhaltsam und anregend. Wie auf Familienveranstaltungen, bei denen mehrere Generationen aufeinandertreffen. Auch in meiner Ausbildung habe ich immer wieder sehr interessante Gespräche mit älteren Menschen geführt, die bereits eine Menge unterschiedlicher Lebensabschnitte hinter sich haben. Sie berichten von düsteren Zeiten, wie etwa dem Zweiten Weltkrieg, oder erzählen spannende Geschichten aus ihrer Jugendzeit. Viele Erinnerungen sind bei älteren Menschen besonders präsent, weil sie kaum neue Erfahrungen machen, und weil das Kurzzeitgedächtnis abnimmt und dadurch das Langzeitgedächtnis in den Vordergrund rückt. Die Studenten in der Wohngemeinschaft können einiges von den Senioren lernen, sei es in fachlicher Hinsicht, weil sie das Gleiche studiert oder in einem ähnlichen Beruf gearbeitet haben oder weil sie Geschichten auspacken, die einem vor lauter Lachen Tränen in die Augen treiben.

Für die älteren Menschen ist es von Vorteil, mit jüngeren Menschen in Kontakt zu bleiben, weil sie neue Erfahrungen machen und auf andere Gedanken kommen. Alltagshighlights sind nicht länger der Arzttermin oder der kurze Besuch der Pflegekraft, sondern der Kegelabend, die Diskussion des Tagesgeschehens oder der Plausch über Liebesangelegenheiten der Studenten. Das Leben dreht sich nicht immer nur um die eigene Erkrankung, das Leben dreht sich weiter. Sie verlieren nicht den Draht zur Gegenwart, sprechen über aktuelle politische Situationen, lernen technische Neuerungen kennen, anstatt sie an sich vorbeiziehen zu lassen. Ich erlebe es immer öfter, dass auch Senioren ein Smartphone haben. Das ist eine Chance für sie in soziale Netze eingebunden zu werden, die nicht nur im Internet bestehen, sondern auch in der Realität.

Für viele Angehörige ist es eine schwere Entscheidung, die Mutter, den Vater, die Tante oder die Großmutter in die Obhut eines Heims zu geben. Für die Senioren ist es aber ebenso schwer. Sie treffen im Pflegeheim auf Menschen, die sich alle in der letzten Phase ihres Lebens befinden. Meist ist der Umzug in ein Pflegeheim der letzte Schritt, viel passiert danach nicht mehr. Das ist ein höchst deprimierender Faktor. Er kann jedoch dadurch abgemildert werden, wenn die Angehörigen und Senioren wissen, dass dort auch jüngere Menschen leben. Diese Tatsache könnte sich positiv auf die seelische Gesundheit auswirken, aber schließlich auch auf die körperliche. Die jungen Menschen haben einen größeren Bewegungsdrang und reißen die Senioren auf diese Weise mit. Sie schauen nicht nur Fernsehen, sondern gehen mit den Stöcken oder im Rollstuhl an die frische Luft. Und das hilft ihnen, fit zu bleiben, auf mentaler und körperlicher Ebene.

Ein Senioren-Studentenwohnheim ist also sowohl für die jungen als auch für die alten Menschen ein Gewinn. Es hat finanzielle Vorteile für beide Seiten, zusammengelegter Wohnraum ist günstiger. In München zum Beispiel, wo sich Normalverdiener kaum noch die Miete leisten können, könnte das eine Möglichkeit sein, die Wohnungsnot zu entschärfen. Und es entwickeln sich daraus ganz neue Chancen. Momentan bauen Familien in bestimmten Gebieten ihre Häuser, Studenten ziehen in die Nähe der Universität, alte Menschen leben alleine. Die Generationen entfernen sich damit immer weiter voneinander. In politischen Diskussionen, zum Beispiel wenn es um die Rente geht, wird oft ein Generationenkonflikt heraufbeschworen: Alt vs. Jung. Das ist Gift für eine Gesellschaft. Die Alten werden verteufelt, weil sie Geld kosten und die Jungen müssen alles ausbaden. Dass die Alten ihre Pflicht schon geleistet haben und wir Jungen jetzt an der Reihe sind, das ist Solidarität. Modelle wie das Senioren-Studentenwohnheim könnten in Deutschland dazu beitragen, dass Pflegekräfte und Angehörige entlastet werden und viele Menschen ein erfüllteres Leben führen. In Zeiten, in denen sich durch neue Lebensumstände und neue Technik die Menschen zunehmend voneinander entfernen, ist das eine Chance, wieder näher zusammenzurücken.

Eine andere Idee, die ebenfalls aus den Niederlanden kommt und sich mit der Wohnsituation der Menschen beschäftigt, ist das Demenzdorf. In Deutschland werden Demenzkranke in der Regel zuhause oder in Altenpflegeheimen gepflegt. Viele Heimbewohner versuchen wegzulaufen, wollen sich bewegen, kommen nachts nicht zur Ruhe und finden sich in der neuen Situation, dem Heim, nicht zurecht. Weil es eben nicht die gewohnte Umgebung ist, nicht das jahrelange, eigene Zuhause.

Demenzdörfer sind nicht unumstritten, aber sie gestehen den Menschen wenigstens ein wenig mehr Normalität und ein Gefühl von Freiheit zu. Sie werden echten Dörfern oder kleinen Stadtteilen nachempfunden und verfügen neben den Wohnhäusern zum Beispiel über einen Marktplatz, einen Park, ein Café, ein Restaurant oder ein Fitnessstudio. Es gibt sogar einen Supermarkt und eine Kapelle. Die Demenzkranken leben dort und bewegen sich frei. Doch der Bereich, in dem sie sich frei bewegen können, ist gesichert, Pflegekräfte stehen ihnen immer zur Verfügung.

In De Hogeweyk nahe Amsterdam betreuen 240 hauptamtliche und 150 ehrenamtliche Mitarbeiter die 152 dort lebenden Demenzkranken. Die Demenzkranken können ihren Tagesablauf selbst planen.[116] Ob und wann sie zum Friseur gehen, Kaffee trinken, mit Freunden Schachspielen oder mit der Familie essen möchten, ist ihnen überlassen. Sie treffen vielleicht manchmal Entscheidungen, wie auch Kinder sie treffen, tragen im Sommer einen Wintermantel und trinken Kaffee vor dem Schlafengehen.[117] Aber es sind ihre Entscheidungen, sie sind zufriedener und fühlen sich wohl. Und wenn diese Entscheidungen ihnen selbst oder anderen schaden würden, wenn sie sich verlaufen oder aggressiv werden, kümmert sich eine geschulte Pflegekraft um sie.

Und wenn die Senioren nach Hause kommen, fühlt es

sich mehr nach ihrem Zuhause an. In De Hogeweyk sind die Häuser verschieden eingerichtet, sie sind spezifischen Lebensstilen der niederländischen Gesellschaft angepasst. In den Häusern mit »gehobenen Lebensstil« ist etwa feines Porzellangeschirr und klassische Musik zu finden. Weitere Lebensstile sind unter anderem: häuslich, kulturell, handwerklich, christlich. Um herauszufinden, in welcher Umgebung sich die Bewohner am wohlsten fühlen, werden sie und ihre Angehörigen interviewt.[118] Es scheint aufzugehen: Der Ehemann einer Einwohnerin berichtet, er käme seine Frau jeden Tag besuchen und könne sich in dieser Situation keinen besseren Ort als das Demenzdorf für sie vorstellen.[119]

Kritiker merken an, dass Demenzdörfer problematisch im Hinblick auf Inklusion und soziale Teilhabe sind. Die Menschen leben, schonungslos formuliert, eingezäunt und abgeschottet von der realen Lebenswelt. Doch als Gegenargument ist anzubringen, dass auch in Pflegeheimen die Menschen isoliert leben, ihre Möglichkeiten, alleine nach draußen zu gehen, sind oft eingeschränkt. Außerdem kommt es, durch den Mangel an Personal, zum Schutz vor Stürzen zu Fixierungen. In einem Demenzdorf ist die Bewegungsfreiheit also in der Regel größer. Inklusion und soziale Teilhabe sind allerdings sowohl im Pflegeheim als auch im Demenzdorf für die Menschen kaum zu erreichen. Umgekehrt ist es schwer umsetzbar, die Gesellschaft so anzupassen, dass Demenzkranke sich gefahrlos darin bewegen können. Insgesamt sind Demenzdörfer eine gute Alternative zu Pflegeheimen. Sie bieten ein Optimum an Freiheit und gleichzeitiger Sicherheit, sie geben den demenzerkrankten Menschen ein Stück selbstbestimmtes Leben zurück.

Zu mehr Selbstständigkeit und damit schnellerer Genesung soll ein anderes Modell in den Niederlanden verhelfen, das sich auch für Deutschland eignet. Es heißt *Better in, Better out* und soll Patienten vor und nach einer Operation fit machen, damit sie sich zum Beispiel nach dem Einsetzen eines neuen Hüftgelenks zu Hause zurechtfinden.

Deshalb ist »trainieren statt schonen«[120] angesagt: Bewegung durch Reha, Bewegung an Geräten, Bewegung im Alltag. In vielen Krankenhäusern in den Niederlanden werden die Patienten nicht wie häufig bei uns bedient, weshalb es zu merkwürdigen Szenen kommen kann. Ein Physiotherapeut, der sich von seinem Patienten einige Tage nach der Operation einen Kaffee bringen lässt. Dabei gibt er ihm Anweisungen, wie er besser mit den Krücken läuft. »Mit Krücken bewegen statt TV im Bett«[121], hieß es in einem Artikel zu diesem Modell. Das Essen zum Beispiel wird nicht ans Bett gebracht, sondern der Patient geht in die Gemeinschaftsräume, sobald er dazu in der Lage ist. Fernsehen kann er in den dafür vorgesehenen Fernsehräumen. Außerdem sollen Nachthemden tagsüber vermieden werden. Alles, was sich krank anfühlt und nach Krankheit aussieht, macht krank, ist die Annahme, die dahinter steckt. Dabei bekommt der Patient die Unterstützung, die er braucht. »Früher war es so, dass der Patient eine bestimmte Anzahl von Physiotherapie-Einheiten bekam. Jetzt kriegt er so viel Physiotherapie wie nötig ist, um wieder auf die Beine zu kommen. Wir als Physiotherapeuten sind den ganzen Tag in den Abteilungen und arbeiten dort mit den Pflegern und Schwestern zusammen, um die Patienten möglichst schnell wieder zu mobilisieren. Meine Rolle hat sich dadurch verändert«, sagt der Physiotherapeut Geert de Sluis.[122]

Physiotherapeuten und Pflegekräfte sind damit stärker in den Genesungsprozess der Patienten eingebunden. Viele von ihnen haben einen akademischen Hintergrund. Sie entwickeln gemeinsame Forschungsprojekte zur Rehabilitation. Dann setzen sie die Projekte zusammen um und evaluieren sie. Dass solche Konzepte auf lange Sicht nicht nur Geld kosten, sondern Geld einsparen und gesunde Patienten hervorbringen, ist in Deutschland noch nicht angekommen.

Der Erfinder von *Better in, better out*, Physiotherapieprofessor Nico Van Meeteren, drückt die Erfolge seines Modells so aus: »Was die Herzchirurgie angeht, haben wir gesehen, dass die Menschen im Schnitt zwei Tage kürzer im Krankenhaus sind, davon einen Tag weniger auf der Intensivstation. Das ist schon mal eine Ersparnis. Dann kommt noch dazu, dass sie innerhalb von 30 Tagen weniger Komplikationen haben. Wenn Sie Patienten mit einer Bypass-Operation betrachten, haben Sie dadurch eine Ersparnis von 2000 Euro.«[123] Umso eher einer Patient also nach einer Krankheit wieder zu Kräften kommt, desto besser verläuft in der Regel die gesamte Genesung. Dafür braucht es allerdings die entsprechenden zeitlichen und personalen Ressourcen. Es ließe sich somit nur in Deutschland umsetzen, wenn mehr Pflegekräfte und Physiotherapeuten zur Verfügung stehen.

USA

Auch in den USA gibt es Konzepte, die einen positiven Einfluss auf die Pflege haben. Eines davon ist das *Primary Nursing*, das zwar nicht den Personalmangel an sich behebt, aber die Arbeitsorganisation erleichtert. Es ist weit verbreitet, auch in den skandinavischen Ländern, Großbritannien und in Teilen Deutschlands.

»Primary Nursing« heißt wörtlich übersetzt Primärpflege, es handelt sich dabei um eine Form der Bezugspflege. Eine Pflegekraft ist von der Aufnahme bis zur Entlassung, und gegebenenfalls darüber hinaus, für die ihr zugeteilten Patienten zuständig. Sie plant und organisiert die Pflege eigenständig und ist somit – noch vor dem Arzt – die erste Ansprechpartnerin des Patienten. Die Maßnahmen, die sie festlegt, führt sie selbst aus. Wenn sie nicht da sein kann, gibt es eine *Associated Nurse*, die das umsetzt, was die *Primary Nurse* geplant hat und unter Umständen im Sinne des Patienten anpasst. Eine *Primary Nurse* ist gleichzeitig auch immer eine *Associated Nurse*. Das bedeutet, sie trägt als *Primary Nurse* für die Planung, Durchführung und Evaluation der Pflege von zum Beispiel fünf Patienten die Hauptverantwortung und ist bei weiteren sechs Patienten als *Associated Nurse* in erster Linie für die Durchführung verantwortlich. Bei den Patienten, bei denen ihr Fokus auf der Durchführung der Pflege liegt, muss sie sich deutlich weniger um Fragen der Organisation sorgen: Welche Pflegemaßnahmen wähle ich aus? Welche Vorbereitungen muss ich hinsichtlich der Entlassung des Patienten treffen? Wie wird sie ablaufen? Die vorrangige Verantwortung dafür liegt bei der *Primary Nurse*.[124]

Aus meinem Berufsalltag weiß ich, wie herausfordernd es ist, jeden Tag mit neuen Gesichtern konfrontiert zu sein. Ich habe für drei, vier oder manchmal fünf Zimmer mit Patienten die Verantwortung und es stellen sich immer wieder die gleichen Fragen: Wer hat welche Diagnosen? Gibt es Nebendiagnosen? Welche Unterstützungsschwerpunkte gibt es? Dadurch kann keine enge Bindung zum Patienten entstehen und ich kann auch nicht die Erfolge der eigenen Arbeit sehen. Denn heute betreue ich einen Patienten, morgen betreut vielleicht schon mein Kollege ihn. Ich bekomme so immer nur einen sehr kleinen Ausschnitt aus dem Krankenhausaufenthalt des Patienten mit. Bei der *Primary Nurse* ist es anders: Ein Patient kommt zum Beispiel mit einer gebrochenen Schulter ins Krankenhaus, er ist niedergeschlagen und muss sich einer Operation unterziehen. Als zuständige Pflegekraft ist es ihr wichtig, dass er ihr seine Ängste und Sorgen anvertraut. Sie hilft ihm dabei, wieder fitter zu werden, stärkt und fördert ihn. Tage vergehen und sie sieht, wie es ihm langsam besser geht. Sie passt die Planung an und vor seiner Entlassung bespricht sie mit ihm, wie es weiter geht, welche Reha-Klinik gewählt wurde, wie er Zuhause versorgt werden kann. Wenn der Patient dann entlassen wird, hat sie das gute Gefühl, ihn angemessen betreut und versorgt zu haben. Sie hat seine gesamte Entwicklung begleitet und das ist ein großartiges Erfolgserlebnis, das es in diesem Beruf manchmal braucht.

An dem Beispiel ist zu sehen, dass *Primary Nursing* nach ganzheitlicher und bedürfnisorientierter Patientenversorgung strebt – statt jeden Tag neue Gesichter zu sehen und für die Patienten nur eines von vielen zu sein. Das hat für den Patienten zahlreiche Vorteile. Gesundheitsrisiken werden minimiert, denn die Pflegekraft hat im Blick, was zu welcher Zeit gemacht werden muss. Alle Informationen sind in einer Person gebündelt – die Pflegekraft ist Bindeglied zwischen dem therapeutischen Team und ihrem Patienten. Somit wird auch dem Stille-Post-Effekt entgegengewirkt, der dazu führt, dass unnötig viele Menschen zeitgleich an der Versorgung eines Patienten beteiligt sind und dabei umso mehr Informationen verlorengehen. Durch diese Arbeitsweise bekommt der Patient die Pflege, die er benötigt.

Das Vertrauen des Patienten in die umfassende Versorgung seiner Person wird gestärkt. Es gibt einen festen Ansprechpartner, den er und seine Angehörigen jederzeit konsultieren können. Das ist in den meisten deutschen Krankenhäusern nicht der Fall. Der Patient wird in jeder Schicht, über fünf Tage hinweg, von einer anderen Pflegekraft versorgt. Jede Pflegekraft ist acht Stunden für die Patienten verantwortlich, danach erfolgt ein Wechsel. Wie soll also ein Vertrauensverhältnis aufgebaut werden, wenn eine Pflegekraft immer nur schnell ins Zimmer rauscht und wieder heraus?

Das Konzept des *Primary Nursing* ist für die Pflegekräfte und die Patienten gewinnbringend. Es einzuführen und umzusetzen, ist zwar mit einem erheblichen Arbeitsaufwand verbunden und setzt den unbedingten Willen aller Beteiligten voraus, aber es lohnt sich. Auch wenn nicht so viele Pflegekräfte zur Verfügung stehen, kann dieses Modell umgesetzt werden. Eine solche Umstellung des Pflegesystems wird die Arbeit nicht weniger intensiv machen, aber durch die veränderte Organisation wird sich die Arbeit für die Pflegekräfte sinnvoller als bisher und effizienter gestalten.

Wenn genügend Personal für die Patienten im Krankenhaus vorhanden ist, arbeiten die Pflegekräfte entspannter und besser. Das ist für ihre Gesundheit zuträglich, aber vor allem für die der Patienten. Das haben einige Länder erkannt und

Vorgaben für dieses Verhältnis von Pflegekräften zu Patienten festgesetzt. In Australien und den USA existieren solche Personalschlüssel. In Taiwan, Japan, Südkorea und Belgien gibt es sogenannte *Nurse-To-Bed-Ratios*, also die Anzahl der Pflegekräfte im Verhältnis zur Anzahl der durchschnittlich belegten Betten.[125]

Im Bundesstaat Kalifornien gibt es seit 2004 verbindliche Personalschlüssel. Dies war eine Reaktion auf den gesellschaftlichen Unmut zwischen 1995 und 2000. In dieser Zeit beschwerten sich immer häufiger Patienten über die schlechte Qualität der pflegerischen Versorgung. Die Anzahl der Beschwerden stieg in dieser Zeit um 30 Prozent. Hinzu kam der öffentliche Druck durch Berufsverbände und Pflegegewerkschaften. Diesem Druck gab das kalifornische Parlament schließlich im Oktober 1999 nach und verabschiedete eine Gesetzesänderung hinsichtlich des Gesundheitsgesetzbuchs. Das Gesundheitsministerium sollte Mindestbesetzungen in Form von *Nurse-to-Patient-Ratios* erlassen. Das heißt, es wurde festgesetzt, wie viele Pflegende im Krankenhaus mindestens für eine bestimmte Zahl an Patienten pro Schicht auf einer Station zuständig sein müssen.[126] Gewerkschaften und Fachverbände der Pflegenden und der Ärzte diskutierten und entwickelten diese Zahlen gemeinsam mit Vertretern der Kliniken für jeden einzelnen Bereich, von der Allgemeinstation über die Psychiatrie und die Kinderklinik bis hin zur Notaufnahme. 2004 traten diese *Nurse-to-Patient-Ratios* in Kraft und wurden 2008 zu Gunsten der Patienten und des Personals weiter verbessert.[127] Und um nur mal ein paar Zahlen zu nennen: In der Pädiatrie, der Kinderabteilung, versorgt eine Pflegekraft laut der Verordnung vier Patienten, auf der Intensivstation ist das Verhältnis 1:2, auf der Normalstation mit Fachgebietszuordnung 1:5.[128]

Besonders lobenswert ist die genaue Ausarbeitung der kalifornischen Regelung. So sind weitere Bedingungen an diese Zahlen, die *Ratios*, geknüpft. Als Fachkräfte zählen nur voll ausgebildete Personen und nur solche, die direkt in der Pflege eingesetzt sind. Diejenigen, die Leitungspositionen innehaben, werden also nicht mit eingerechnet. Außerdem gilt der vorgegebene Schlüssel verbindlich in jeder einzelnen Schicht – ohne Ausnahme.[129]

Die Erfolge des kalifornischen Modells wurden in vielen Studien evaluiert. Die Bedenken der Verbände der Krankenhausträger sind nicht eingetreten, 66 Prozent der kalifornischen Kliniken konnten im Jahr 2014 ein positives Gesamtergebnis erzielen, zehn Jahre zuvor waren es 59 Prozent.[130] Und dafür wurde nicht das Wohl der Patienten geopfert – empirische Studien zeigen, dass wegen der neuen *Nurse-to-Patient-Ratios* in Kalifornien signifikant weniger Patienten im Krankenhaus verstarben als zuvor.[131] Die Zahl der Wiederaufnahmen konnte zudem verringert[132] und die Verweildauer gesenkt werden.[133] Außerdem zeigt sich, dass die Chance, einen Herzstillstand zu überleben, stieg.[134] Wegen dieser Erfolge wurde die kalifornische Regelung international viel diskutiert. Sie liefert auch für uns in Deutschland Impulse und beseitigt die Annahme, dass mehr Pflegepersonal auf Dauer zwangsläufig zu höheren Kosten führt.

JAPAN

Auch in Japan ist man mit ähnlichen Problemen wie in Deutschland konfrontiert. Der demographische Wandel ist hier sogar noch ausgeprägter als bei uns. Ein Viertel der Bevölkerung ist mindestens 65 Jahre alt.[135] Eine Japanerin bekommt im Durchschnitt 1,4 Kinder,[136] gleichzeitig haben Japaner die zweithöchste Lebenserwartung im weltweiten Vergleich.[137] Forscher der Universität Tokio haben berechnet, dass im Jahr 3776 nur noch ein einziges Kind zur Welt kommen wird, wenn es so weitergeht wie bisher.[138] Für die Pflege bedeutet das aber schon heute den Ausnahmezustand. Die älteren Menschen müssen gepflegt und versorgt werden, dafür sind aber nicht genügend Pflegekräfte vorhanden. Fehlten nach offiziellen Studien 2013 etwa 1,7 Millionen menschliche Pflegekräfte, könnten es 2025 bereits 2,5 Millionen sein.[139]

Menschliche Pflegekräfte? Sind sie das nicht immer? In Japan nicht zwangsweise. Die Regierung beabsichtigt, den Markt für Pflegeroboter wachsen zu lassen: Das Volumen im Jahr 2013 von zehn Milliarden Yen (etwa 81 Millionen Euro) soll im Jahr 2030 auf 260 Milliarden Yen im Jahr ansteigen. Der japanische Premierminister Shinzō Abe plant, dass bis 2020 einer von vier Senioren von humanoiden Pflegekräften gepflegt wird. Die Roboterrevolution kommt also – zumindest in Japan.[140]

In Deutschland reagieren viele auf die Technikbegeisterung der Japaner mit Skepsis. Können Roboter tatsächlich Pflegekräfte ersetzen? Sind sie Feind oder Helfer? Oder gar beides? Auch ich bin vorsichtig. Roboter können den Patienten nicht beraten, anleiten, individuell auf ihn eingehen, mit ihm kommunizieren oder seinen Gesundheitszustand so beurteilen, wie es ein Mensch kann. Aber darum geht es auch nicht. Roboter sollen Pflegekräfte nicht ersetzen, sie sollen sie entlasten. Das ist die Absicht von Japans Roboterentwicklern. »Schweres Heben und das Speichern von Informationen sollte komplett Robotern überlassen werden. Menschen machen zu viele Fehler oder schaden sich sogar selbst. Die psychologischen Komponenten der Pflege sollten dagegen eher menschliche Pflegekräfte leisten«, fasst Ryosuke Tasaki zusammen.[141] Er hat den Roboter »Terapio« geschaffen, der den Ärzten hinterherrollt, die Patienten erkennt und sie mit »Hallo, wie geht es Ihnen begrüßt?«. Er ist imstande, die passende Akte für einen Patienten herauszusuchen und zeigt auf dem Display das EKG an, die Ergebnisse der Urinprobe und den Blutdruck. Und aus seinem Gehäuse kann man einige Medikamente und Verbandszeug entnehmen.[142]

Vieles aus Japan ist noch Spielerei oder im Stadium des Prototypen. Doch einige Neuerungen finden auch schon im Alltag Anwendung und erweisen sich als durchaus nützlich. Sie können einem sogar die Angst nehmen. Die Angst davor, dass durch den Einsatz von Robotern in der Pflege das Menschliche verloren geht. In vielen Fällen ist es sogar umgekehrt, die soziale Bindung der Pflegekräfte zu den Patienten kann gestärkt werden, weil sie nun Zeit haben, sich ausgiebig um ihre Patienten zu kümmern, während ihre neuen Kollegen, die Roboter, ihnen einige Aufgaben abnehmen. Am Beispiel von Norwegen ist deutlich geworden, wie die Digitalisierung Ressourcen einspart, auch zeitliche, weil nicht alles doppelt dokumentiert wird. Auch Japan sollten wir als Impulsgeber verstehen und uns vor Augen führen, in welchen unterschiedlichen Bereichen Roboter eingesetzt werden können.

Ähnlich wie das erwähnte Modell »Terapio« gibt es bereits eine Reihe von anderen Servicerobotern, die im Krankenhaus Unterstützung leisten. Sie füllen zum Beispiel Pflegematerial in Schränken auf, bringen den Patienten Essen, Getränke oder eine Zeitschrift, sie öffnen ihnen die Tür und ziehen die Vorhänge zu.[143] Und den Pflegekräften bringt er das, was sie gerade brauchen: Handtücher, eine Unterlage, ein Skalpell, eine Pinzette oder Verbandsmaterial. Der Roboter wählt im Lager die Sachen einzeln aus, nimmt sie sich heraus und fährt dann zum Pflegepersonal. Es gibt außerdem Roboter, die Pflegewagen ziehen können, auch in Deutschland. Der teilautonome Pflegewagen »Casero 4« liefert zum Beispiel automatisch Pflegeequipment an.[144] Die Pflegewagen sparen den Pflegekräften körperliche Kräfte und verschaffen ihnen mehr Zeit, die sie bei ihren Patienten verbringen können. Über ein Gerät, zum Beispiel ein Tablet, teilen sie dem Roboter mit, was benötigt wird und wo er es hinbringen soll. In der Zeit, in der der Roboter die Sachen zusammensucht, kann sich die Pflegekraft mit dem Patienten beschäftigen – sich zu ihm setzen, mit ihm sprechen, ihn unterstützen und beraten.

Andere Roboter, die zum Teil auch in Deutschland zu finden sind, übernehmen körperliche Tätigkeiten. Sie unterstützen die Pflegekräfte etwa beim Heben und Liften. In der Altenpflege, aber auch in Krankenhäusern werden sie eingesetzt. Anders als die Hilfen, die es in Deutschland gibt, müssen sie in Japan nicht erst geholt werden. Sie sind bereits in den Zimmern angebracht oder fahren selbständig dorthin. Viele Pflegekräfte in Deutschland gaben an, die Hilfen aus Zeitdruck nicht zu benutzen. Das würde sich mit den neuen, elektrischen Hilfen ändern. Sie helfen dem Patienten in den Stuhl oder in den Stand und schonen die Gelenke und die Muskulatur der Pflegekräfte, sodass es weniger schnell zu Schädigungen im Gelenkapparat kommt. Weil in Japan eine Pflegekraft im Durchschnitt 40 Mal pro Schicht eine Hebetätigkeit ausführt, entwickelten Wissenschaftler den »Robear« – eine lebensgroße Maschine mit Teddykopf, der Patienten sicher aus dem Bett heben und in den Rollstuhl setzen kann und umgekehrt.[145] Elektrische Betten werden im Krankenhaus schon seit längerer Zeit genutzt und sind letztlich nichts anderes: Sie fahren die Betten hoch und die Lehne herunter, sie stellen damit eine Form der technischen Unterstützung dar. Die Japaner gehen nur einen Schritt weiter: Panasonic erfand ein Bett, das sich in einen Rollstuhl verwandeln kann.[146]

Die Technik wird ständig weiterentwickelt, Roboter können mittlerweile feinfühlig arbeiten, vielleicht sogar feinfühliger als es manch ein Mensch kann. Robear ist inzwischen in der dritten Generation und nun wendiger, leichter und noch sicherer.[147] Die Sicherheit ist von zentraler Bedeutung, denn der Roboter darf keinesfalls eine Gefahr für den Patienten darstellen oder ihn gar verletzen. Wie sicher ein Roboter ist, muss stets geprüft werden und eine Pflegekraft sollte immer anwesend sein, um schnell reagieren zu können.

Ich konnte bei meinem Einsatz im Altenpflegeheim selbst schon mit Geräten arbeiten, die die Bewohner dabei unterstützten, aus dem Rollstuhl ins Bett zu kommen. Eine andere Hilfe, die sich zugegebenermaßen eher nach *Transfor-*

mers anhört, eine Symbiose aus Mensch und Maschine, ist der Roboteranzug oder das sogenannte Exoskelett: Mit dem Modell Ninja kann selbst eine Waschmaschine oder ein Mensch von A nach B gebracht werden.[148] Für Pflegekräfte ein Gewinn und Patienten profitieren vom »Robot Suit HAL«, der ihre Lähmung außer Kraft setzt und sie gehen lässt. Es empfängt Signale vom Gehirn und führt die Bewegung aus, die der Träger beabsichtigt. Die Tauglichkeit demonstrierte ein Bergsteiger in solch einem Anzug, indem er seinen Freund huckepack auf einen Schweizer Gipfel trug. Die Entwicklung von HAL (*Hybrid Assitive Limb*) war nur durch die Förderung des japanischen Staates möglich. Er investierte rund 4,5 Millionen Euro. Noch mehr, nämlich acht Millionen Euro war ihm eine elektronische Baby-Robbe wert,[149] ähnlich dem Spielzeug Furby, das Ende der neunziger Jahre zum Verkaufsklassiker wurde.

Die Baby-Robbe mit den Kulleraugen und dem weichen Fell hört auf den Namen »Paro«, sie reagiert auf Laute und Berührung, bewegt sich und fiept, schließt und öffnet die Augen und wackelt mit der Flosse. Seit mehr als zwanzig Jahren und in mehr als tausend Altenheimen in Japan ist sie im Einsatz und wird auf der ganzen Welt verkauft. Vereinzelt ist sie auch in Deutschland in Gebrauch. Paro dient zur Unterhaltung, aber auch zur Behandlung von Kognitions- und Verhaltensstörungen. Der Emotions-Roboter entwickelt eine Beziehung zum Patienten und kann bei Demenz, Angst und Isolation unterstützend wirken. Die Idee entstammt der Tiertherapie, die heute in Deutschland vielfach Anwendung findet.[150] Für den Kontakt mit echten Tieren wird eine Aufsicht benötigt. Sie muss einschreiten und beobachten, wie die Alzheimerpatienten reagieren, ob sie die

Tiere verkennen, aggressiv werden und verletzen könnten. Einem Stück Elektronik kann solches Verhalten nichts anhaben. Die Erfahrungen mit Paro haben gezeigt, dass der Emotions-Roboter eine ähnliche Wirkung auf die Erkrankten hat wie echte Tiere. Die Baby-Robbe bietet ihnen die Möglichkeit, Emotionen auszuleben und Nähe zu erfahren. Das löst bei den Erkrankten positive Gefühle aus. Im Gegenzug verschafft es den Pflegekräften mehr Zeit, zum Beispiel für ein ausgedehntes Gespräch mit einem Patienten.

Diese Vorteile bietet auch der menschenähnliche Roboter »Pepper«. Wie Paro soll er eine sinnvolle Ergänzung sein und kein Ersatz für den Menschen. Er ist weiß, hat zwei Arme und fünf Finger an jeder Hand und verfügt über Räder statt Beine. Mit einem leichten Lächeln und einer etwas kindlichen Stimme bietet er den Senioren in rund 500 japanischen Altenheimen Unterhaltung.[151] Er kann Pantomime darstellen, Musik machen und hat ein Tablet auf seiner Brust, das ebenfalls zu Spielzwecken dient, aber auch zur Information. Er kann einfache Gespräche führen, erkennt Stimmlagen, Mimik und Gestik und deutet Emotionen. Da Pepper noch nicht ausgereift ist, wird er bislang nicht in der Pflege eingesetzt. Dennoch ist er schon in Europa anzutreffen: Während er in Deutschland eher auf Messen und in Forschungslaboren zu finden ist, ist er bei der französischen Bahn, in Supermärkten und auf Kreuzfahrtschiffen im Einsatz.[152] Dort hilft er beim Einchecken, weist den Weg an Bord, empfiehlt Restaurants und unterhält sich mit den Gästen auf verschiedenen Sprachen.

Das alles mag sich in Deutschland nach Zukunftsmusik anhören, aber viele der in Norwegen, den Niederlanden, den USA und Japan vorgestellten Modelle werden bereits erfolgreich in der Pflege eingesetzt. Andere werden in ein paar Jahren soweit sein, sodass aus technischer, finanzieller und ethischer Sicht nichts gegen sie spricht. Keines der vorgestellten Modelle kann *die* Lösung für Deutschland sein. Aber sie alle zeigen, dass wir uns gegenüber neuen Ideen öffnen müssen, um dem Fachkräftemangel entgegenzuwirken.

KAPITEL 5

WEGE AUS DEM NOTSTAND

»Probleme kann man niemals mit derselben Denkweise lösen, durch die sie entstanden sind.« Diesen weisen Satz sagte einst Albert Einstein und er hat etwas Wahres an sich. Denn wenn wir so weiter machen wie bisher, dann wird es keine positive Veränderung und damit auch keine Verbesserung der Situation für die vielen Betroffenen geben. Nachdem ich beleuchtet habe, was sich hinter dem Wort »Pflegenotstand« verbirgt, wie es zu ihm gekommen ist, welche Akteure daran beteiligt sind und welche Lösungsansätze andere Länder für ähnliche Probleme gewählt haben, gilt es nun daraus Lösungsansätze für uns zu formulieren. Zu Beginn des Buches habe ich schon darauf hingewiesen, dass ich keineswegs *die* Lösung anbieten kann. Vielmehr möchte ich einen Beitrag zur Diskussion leisten und sie damit befördern. Ich möchte, dass um die beste Lösung gerungen wird. Wir müssen miteinander ins Gespräch kommen. Auch wenn am Ende jemand meine Ideen für nicht effektiv oder zielführend hält und ein Gegenangebot macht, kommen wir einen Schritt weiter.

Im Folgenden werde ich daher einige Ideen mit Blick auf die Frage vorstellen, wie bestimmten Entwicklungen entgegengewirkt und sowohl die Versorgung der Patienten als auch die Arbeitsbedingungen der Pflegekräfte verbessert werden können. Ich kann hier keine fertigen Lösungskonzepte anbieten. Dazu wird ein multiprofessionelles Team benötigt, das die einzelnen Aspekte bis ins letzte Detail ausformuliert. Dies kann ich als Einzelperson nicht leisten. Eines steht aber zweifellos fest: Gelingen kann der Weg aus dem Pflegenotstand nur, wenn alle an einem Strang ziehen. Pflegekräfte, Politiker, Arbeitgeber und jeder Einzelne von uns – als Bürger dieses Landes und potentieller Patient.

Wenn wir uns in zwei Jahren wiedersehen würden, wäre die Situation schon ein bisschen besser, versprach mir die Bundeskanzlerin in der Wahlarena. Darauf antworte ich, das könne gar nicht funktionieren, die Pflegekräfte würden nicht vom Himmel fallen. Und auch in der öffentlichen Debatte über die Einführung der Personalschlüssel, steht die Frage im Raum: Wie soll sich die Situation ändern, wenn gar nicht genug Arbeitskräfte zur Verfügung stehen? Sicher ist: Sie werden auch nicht vom Himmel fallen. Und deshalb brauchen wir einen Plan. Einen Plan, der Veränderung herbeiführt und uns nicht im Stillstand verharren lässt.

Da Pflegekräfte im Durchschnitt bereits nach 7,5 Jahren ihren Beruf verlassen[153], bleiben sie zum Teil noch dreißig oder vierzig Jahre auf dem Arbeitsmarkt. Es gibt eine Menge Pflegekräfte, die zwar nicht direkt auf dem Arbeitsmarkt verfügbar sind, aber durch bestimmte Anreize reaktiviert werden könnten. Einige von ihnen haben ganz aufgehört zu arbeiten, andere studieren oder machen eine weitere Ausbildung. Viele von ihnen waren gerne Pflegekräfte und würden unter anderen Bedingungen in den Job zurückkehren. Das Gleiche gilt für Teilzeitkräfte, die mittlerweile beinahe die Mehrzahl der Pflegekräfte ausmachen. Einige sind aufgrund veränderter Lebensumstände in die Teilzeit gewechselt, viele aber auch, weil der Beruf zu anstrengend ist, um ihn in Vollzeit auszuüben. »Im Vergleich mit anderen Berufen und Branchen gibt es strukturelle Ungleichheiten und Belastungen in den Pflegeberufen, die den Wunsch nach Teilzeitarbeit prägen«, bestätigt eine Studie des Instituts Arbeit und Technik an der Westfälischen Hochschule.[154]

Mehr Menschen für den Beruf zu begeistern, Pflegekräfte länger im Beruf zu halten und sie zu motivieren, wieder in den Beruf zurückzukehren, sind also die ersten Schritte, um den Pflegenotstand anzugehen. Die Politik und die Betriebe müssen den Pflegekräften zuhören. Sie müssen sich fragen: Wie kann die Lage der Arbeitnehmer konkret verbessert werden? Was kann der Arbeitgeber dafür tun, dass die Arbeitnehmer wieder gerne ihre Arbeit verrichten? Bei einer Umfrage der ehemaligen pflegepolitischen Sprecherin der Bundestagsfraktion der Grünen, Elisabeth Scharfenberg, beteiligten sich etwa 4500 Pflegekräfte, die sich weniger Zeitdruck und mehr Wertschätzung wünschten, kurzum bessere Arbeitsbedingungen.[155]

Es beginnt schon mit einer grundlegenden Sache: Es fehlen flächendeckende Tarifverträge. In Krankenhäusern gibt es sie in der Regel, doch vor allem in Altenpflegeheimen und in der ambulanten Pflege viel zu selten, was meist mit niedrigeren Löhnen einhergeht. Die Koalition aus Union und SPD hat es im Rahmen der »Konzertierten Aktion Pflege« bereits als ein Ziel formuliert, sich dafür einzusetzen, dass in der Pflege flächendeckende Tarifverträge etabliert werden. Im Vergleich der Bundesländer dürfen die Gehaltsunterschiede nicht mehr so groß sein. Zum Teil sind Differenzen von 1000 Euro im Monat auszumachen.[156] In einigen Bundesländern sind zwar die Lebenshaltungskosten höher, aber letztendlich leisten alle Pflegekräfte die gleiche Arbeit und das muss sich in den Gehältern widerspiegeln. Häufig wurde mir in Diskussionen entgegnet, dass ein Gehalt von rund 3000 Euro für einen Ausbildungsberuf doch recht ordentlich wäre. Aber Ausbildungsberuf ist nicht gleich Ausbildungsberuf. Eine differenzierte Betrachtung ist hier unbedingt notwendig, anstatt Gehaltsforderungen mit solch einem Argument abzuwiegeln.

Doch wonach sollte sich nun das Gehalt einer Pflegekraft bemessen? Dazu sollten vier Faktoren herangezogen werden. Zunächst muss geprüft werden, wie viele Arbeitskräfte benötigt werden und wie viel Arbeitskräfte zur Verfügung stehen. Es geht also um Angebot und Nachfrage. In der Krankenpflege kommen zurzeit auf hunderte offene Stellen, und es sind bei weitem nicht so viele Stellen ausgeschrieben wie benötigt, gerade einmal 41 arbeitssuchende Pflegekräfte.[157] Nach den Regeln des Marktes rechtfertigt die hohe Nachfrage nach Pflegekräften bei gleichzeitig niedrigem Angebot ein hohes Gehalt. Aber ausgerechnet an dieser Stelle wirken die Mechanismen des Marktes nicht.

Ein weiterer Faktor zur Bestimmung des Gehalts ist die Verantwortung. Die Pflegekräfte tragen sie in jeder Sekunde ihres Arbeitsalltags, Fehler können das Leben von Patienten nachhaltig beeinflussen, sie können zu Beeinträchtigungen führen und unter Umständen sogar zum Tod. Allein dieser Umstand reicht aus, um ein hohes Gehalt zu begründen – unabhängig welchen Bereich wir betrachten. Nicht nur auf der Intensivstation, auch im Pflegeheim oder in der ambulanten Pflege tragen die Pflegefachkräfte für das Leben der

Menschen eine enorme Verantwortung. Wenn beispielsweise eine Patientin zunehmend immobiler wird und die zuständige Fachkraft dies nicht erkennt und entsprechende Prophylaxen durchführt, könnte sie eine Thrombose erleiden, die lebensgefährdende Folgen haben kann.

Der dritte Faktor: die Qualifikation. Zurzeit führt eine dreijährige Ausbildung zum Pflegeberuf in Deutschland, der Zugang erfolgt nicht über ein Studium. Aber dies ist kein Argument gegen ein höheres Gehalt. Die Ausbildung ist anspruchsvoll und umfangreich und zählt zu denjenigen mit dem höchsten Theorieanteil. Darüber hinaus verdienen auch andere Berufsgruppen deutlich mehr, etwa Fluglotsen, deren Gehalt mit etwas Erfahrung bei über 8000 Euro monatlich liegt. Mit Ausbildung.[158]

Der vierte und letzte Faktor ist die Belastung. Abgesehen von den Arbeitsbedingungen, die sich durch den Mangel an Personal zugespitzt haben, ist der Beruf der Pflegekraft an sich mit enormen Herausforderungen verbunden. Pflegekräfte werden tagtäglich mit Krankheit und Tod konfrontiert und müssen dabei Entscheidungen treffen, die eine große Verantwortung mit sich bringen. Dies führt zu einer starken psychischen Belastung, aber auch die körperliche Beanspruchung ist nicht zu vernachlässigen, welche bereits im zweiten Kapitel thematisiert wurde.

Es grenzt mittlerweile an Realsatire, wenn in jedem Artikel zur Pflege, in jeder Diskussion, in jeder Talkshow gesagt wird, es herrsche ein Mangel an Pflegekräften und das Gehalt sei zu niedrig. Es gibt tatsächlich und das nicht nur ausnahmsweise Altenpflegekräfte, die am Ende des Monats jeden Cent drei Mal umdrehen müssen und Pflegekräfte, die sich nicht einmal eine Wohnung in der Stadt, in der sie arbeiten, leisten können. Und das, trotz der Arbeitszeiten, trotz der Verantwortung und trotz des massiven Mangels an Personal. So lange sich nicht massiv etwas an den Gehältern in der Pflege ändert, in allen Bereichen, so lange wird auch die Attraktivität des Berufes nicht steigen. Deshalb ist es längst an der Zeit, die Pflegekräfte endlich angemessen zu entlohnen. Konkrete Zahlen für Löhne zu nennen ist immer schwierig. Und doch denke ich, dass das Grundgehalt für alle dreijährig ausgebildeten Pflegekräfte im Einstig bei etwa 3000 Euro liegen sollte. Mit entsprechender Berufserfahrung sollte dies bei mindestens 4000 Euro liegen. Wer sich zusätzlich weiterqualifiziert, z. B. durch ein Hochschulstudium oder eine Fachweiterbildung, der sollte auch Gehälter im Bereich von 5000 Euro beziehen können. Denn auch die Gehälter von Pflegekräften mit Weiterbildungen und Hochschulstudium sind verglichen mit anderen Branchen weit unterdurchschnittlich. Vor allem dann, wenn man die Personalverantwortung vieler Führungskräfte mit einberechnet.

Ein weiterer Ansatz, um die Pflegekräfte zu entlasten, ist die Reduzierung der wöchentlichen Arbeitszeit. Zurzeit haben Pflegekräfte eine 39- beziehungsweise 40-Stunden-Woche und sie arbeiten im Dreischichtsystem, zum Teil in Rufbereitschaft. Unter diesen Bedingungen körperlich und psychisch gesund zu bleiben, ist kaum möglich. Das zeigt sich auch an Berufsunfähigkeitsversicherungen. Im Vergleich zu denjenigen für Arbeitnehmer anderer Branchen sind sie für Pflegekräfte besonders teuer, da die Versicherungen das Risiko der frühzeitigen Berufsunfähigkeit kennen. Pflegekräfte benötigen ohne Frage mehr Phasen der Erholung. Zweifellos ist es nicht umsetzbar, von jetzt auf gleich die Arbeitszeit von 39 auf 33,5 Stunden in der Woche zu reduzieren, eine Reduktion auf 37 Stunden wäre aber ein Schritt in die richtige Richtung. Damit stünden den Pflegekräften ein oder zwei zusätzliche freie Tage im Monat zur Verfügung, an denen sie neue Kraft tanken könnten.

Und ich höre auch schon die Kritiker rufen: Wie soll das gehen? Geringere Wochenarbeitszeit, obwohl ohnehin zu wenig Personal zur Verfügung steht? Auf lange Sicht ist dies kein Widerspruch, wie das Beispiel Norwegen zeigt. Es ist denkbar, entsprechende Anreize in das System einzubauen. Beispielsweise könnte man die Schichten, die Pflegekräfte zusätzlich zu ihrer normalen Wochenarbeitszeit übernehmen, besonders gut entlohnen. Damit gibt man jüngeren und leistungsfähigeren Pflegekräften die Möglichkeit, freiwillig Mehrarbeit zu leisten. Es gäbe Pflegekräfte, die bei einer geringeren tariflichen Wochenarbeitszeit bei vollem Gehalt bereit wären, ein paar Stunden zu übernehmen, da sich dies für sie finanziell rentiert. Grundsätzlich sollten wir solche Modelle nicht gleich als unrealisierbar abtun, sondern projektweise testen. Wenn ein Modell nicht die gewünschte Wirkung hat, wird es nicht flächendeckend eingeführt.

Zudem muss mehr dafür getan werden, dass Pflegekräfte sich zwischen zwei normalen Arbeitstagen genügend ausruhen können, um am nächsten Tag konzentriert ihrer Arbeit nachzugehen. Es stellt ein enormes Sicherheitsrisiko für die Patienten dar, wenn das nicht der Fall ist. Die Pflegekräfte belastet es immens, dass sie nicht zur Ruhe kommen. Und dieser Zustand trägt mitunter dazu bei, dass sie frustriert und unzufrieden sind. Um dem entgegenzuwirken, muss die gesetzliche Ruhezeit in Pflegeberufen auf mindestens zehn Stunden festgesetzt werden. Das würde gleichzeitig eine Veränderung der Schichtmodelle bedeuten. Ob verlängerte Spätdienste oder längere Nachtdienste, weniger Wechsel von Spät- zu Frühschicht, an dieser Stelle sind viele unterschiedliche Ansätze denkbar.

Anknüpfend an die Verlängerung der Ruhezeiten und der damit einhergehenden Veränderung der Schichtsysteme, ist es an der Zeit, die Struktur der Tagesabläufe grundlegend zu überdenken. Aufgrund der schlechten personellen Situation können wir Pflegekräfte den Alltag der Patienten zwar nicht individuell gestalten, aber wir können eine bessere Grundlage für die Genesung schaffen, wenn wir die Grundstruktur verändern. Die wenigsten Menschen stehen freiwillig um 6:30 Uhr auf und vor allem nicht dann, wenn sie krank sind. Trotzdem ist das in vielen Krankenhäusern in Deutschland der Zeitpunkt, an dem die Nachtruhe für beendet erklärt wird. Viele Patienten werden daher früh aus dem Schlaf gerissen. Das trägt nicht zu einer schnellen Erholung bei, denn Schlaf ist einer der zentralen Faktoren im Prozess der Genesung. Deshalb halte ich es für richtig, den Beginn des Tagesablaufs und damit auch den Beginn der Frühschicht auf einen späteren Zeitpunkt zu verschieben. Auch hier gilt: Ob es gut funktioniert oder eben nicht, lässt sich nur durch Erprobung herausfinden.

Bei der Arbeitsgestaltung sollte ferner die langfristige Gestaltung und Planung von Dienstzeiten einer Überprüfung und Weiterentwicklung unterzogen werden. Menschen, die Schichtarbeit leisten, haben ein höheres Risiko für bestimmte Erkrankungen. Insofern muss die Schichtarbeit für den Arbeitnehmer so angenehm und wenig einschränkend wie möglich organisiert werden. Dazu gehört, dass Wechsel von Spät- auf Frühschicht weitgehend vermieden werden. Außerdem stellt die Kurzfristigkeit ein weiteres Problem im Zusammenhang mit der Dienstplanung dar. Jedes Krankenhaus und jedes Pflegeheim hat ein eigenes Modell, aber es ist in der Regel so, dass die Pflegekräfte erst einen Monat zuvor ihren genauen Dienstplan erfahren. Das schafft Planungsunsicherheit und schränkt das Privatleben ein. Ob Hochzeiten, Geburtstage oder Arzttermine – häufig kann nicht auf einzelne Wünsche Rücksicht genommen werden. Abhilfe schafft ein fortlaufender Schichtplan, der sich in bestimmten Zyklen wiederholt. Damit könnten auf längere Sicht Termine sicher geplant werden und die Möglichkeit, bei Bedarf eine Schicht mit einem Kollegen zu tauschen, ist weiterhin gegeben.

Es sind nicht nur die Rahmenbedingungen, die sich ändern müssen, sondern auch die Einstellung eines Teils der Pflegekräfte. Ohne die selbstlose Hingabe und die bis aufs Äußerste ausgereizte Einsatzbereitschaft der Pflegekräfte würde unser System schon lange am Abgrund stehen. Einspringen, Überstunden machen, die Pause weglassen, bei angeschlagener Gesundheit zur Arbeit kommen – all diese Dinge wirken im ersten Moment ehrenwert. Und das sind sie auch, ohne Frage. Letztendlich führen sie aber dazu, dass sich der Pflegenotstand weiter verschärft. Denn die Solidarität der Pflegekräfte mit ihren Kollegen und das Gefühl der Verpflichtung gegenüber dem Patienten wird nicht anerkannt, sondern ausgenutzt.

Als die ersten Stellen gestrichen wurden, wurden die Schichten zwangsläufig dünner besetzt. Wenn jemand ausfiel, konnte es zunächst noch kompensiert werden. Doch irgendwann war das nicht mehr der Fall. Die Unterbesetzung führte dazu, dass eine Schicht kaum zu bewältigen war, wenn auch nur eine Pflegekraft ausfiel. Und so kam es, dass Pflegekräfte zunehmend gefragt wurden, ob sie nicht einspringen könnten. Und sie taten es. Bis heute gilt das Credo, man könne seine Kollegen nicht im Stich lassen. Aber letztlich ist es genau das, was wir tun müssen – auch wenn es unserem Solidaritätsgefühl widerspricht. Wenn die Frühschicht am Sonntag ohnehin unterbesetzt ist und dann noch eine Pflegekraft ausfällt, ist die Versorgung kaum noch zu gewährleisten. Doch so lange es Pflegekräfte gibt, die selbst dann einspringen, wenn sie bereits zwölf Tage am Stück gearbeitet haben, werden die Schichten weiterhin mit so wenig Personal geplant.

Dieser Mechanismus muss durchbrochen werden. Wenn niemand sich bereiterklärt, einzuspringen, bedeutet das für die verbleibenden Pflegekräfte in der jeweiligen Schicht eine enorme Belastung. Aber an dieser Stelle müssen wir langfristig denken. Wenn es Konsens wäre, dass niemand mehr einspringt, würden immer wieder Situationen entstehen, in denen sich die Klinik für den Personalmangel und die daraus entstehenden gefährlichen Zustände rechtfertigen muss. In der Folge wird es zwangsweise zu Schließungen von Stationen kommen.

Wir müssen uns stets vergegenwärtigen: Die Verantwortung für eine ausreichende Personalbesetzung trägt der Arbeitgeber. Plant er Schichten bewusst so, dass es im Rahmen einer normalen Krankheitsquote zu Unterbesetzungen und in Folge dessen zu einer Mangelversorgung kommt, trägt er alleine die Verantwortung dafür. Diese Verantwortung liegt nicht auf den Schultern der Arbeitnehmer. Ich fordere also, dass wir Pflegekräfte uns zusammenschließen. Dass wir dieses System gemeinsam an die Wand fahren lassen. Wir sind es nicht, die es aktiv an die Wand fahren. Wir sind nur diejenigen, die es bisher aufgehalten haben. Doch wir können nicht mehr. Uns verlässt die Kraft und auf lange Sicht erreichen wir mit unserer bisherigen Arbeitsweise keine bessere Versorgung der Patienten. Und unser eigenes Leben steht immer an zweiter Stelle. Damit muss Schluss sein.

Dem Vorwurf, den Pflegenotstand mit diesem Vorschlag auf dem Rücken der Patienten auszutragen und bewusst die sichere Versorgung zu gefährden, setzte ich entgegen: Das machen wir doch schon. Unter diesen Bedingungen schafft es kaum eine Pflegekraft bis zur Rente. Und wer nicht genügend Erholung und Ausgleich erhält, kann seiner Arbeit nicht angemessen nachgehen. Mit dieser Form des Protests sorgen wir auf lange Sicht für eine ausreichende Patientenversorgung. Sollte es so weitergehen wie bisher, wird es in wenigen Jahren kaum noch eine Pflegekraft geben, die dieser Belastung standhält.

Dieser Vorschlag ist also nicht radikal, er gesteht den Arbeitnehmern ihr Recht auf ein eigenes Leben zu. In kaum einem anderen Beruf wird vorausgesetzt, so selbstlos und freiwillig sein Privatleben und sein eigenes Wohl zurückzustellen. Es ist daher höchste Zeit, sich nicht mehr zum Spielball machen zu lassen, denn die Verantwortung liegt nicht bei uns Pflegekräften. Wir alle müssen gemeinsam an einem Strang ziehen, denn der Einzelne kann überhört werden. Die komplette Arbeitnehmerschaft eines Krankenhauses oder eines Pflegeheims nicht.

Der Aspekt der gemeinsamen Organisation ist ein entscheidender. Ich hatte schon einige Auseinandersetzungen mit Kollegen über das Thema Gewerkschaft und die Frage, warum sie kein Mitglied sind. Ohne den Einsatz der Gewerkschaften gäbe es keinen Tariflohn, keine Fünf-Tage-Woche und keine Acht-Stunden-Arbeitstage. Doch das ist die geschichtliche Komponente. Auch heute noch ist die Gewerkschaft das Mittel, gemeinsam seine Interessen als Arbeitnehmer gegenüber dem Arbeitgeber zu vertreten. Dabei muss man nicht alle inhaltlichen Aspekte befürworten, etwa die lautstarke Ablehnung der Pflegekammer durch ver.di auf eine zum Teil sehr undifferenzierte Art und Weise. Umso mehr Pflegekräfte sich konstruktiv in eine Gewerkschaft einbringen, desto zielführender können ihre Interessen verfolgt werden. Wir selbst haben es in der Hand, etwas zu bewegen. Mitmachen und sich einbringen, anstatt nur Kritik zu üben.

Eine Frage stellt sich im Zusammenhang mit Gewerkschaften und dem Arbeitskampf in der Pflege immer wieder: Dürfen Pflegekräfte überhaupt streiken? Die Antwort auf diese Frage ist ein klares »Ja«. Denn durch die Trägervielfalt und die dadurch vorhandene Konkurrenzsituation der Krankenhäuser können Versorgungsengpässe in der Regel vermieden werden. Außerdem wird niemals das gesamte Krankenhaus bestreikt, wie in anderen Branchen üblich, sondern nur bestimmte Fachbereiche. Die Vorankündigung der Streikmaßnahmen sorgt zudem dafür, dass die Notversorgung der Patienten auf jeden Fall gewährleistet ist. Die Krankenhäuser können sich dann darauf einstellen und geplante Interventionen in den jeweiligen Fachbereichen gegebenenfalls absagen. Vor allem in großen Städten sind

Streiks weniger problematisch, da die Krankenhäuser anderer Unternehmen und anderer Trägerschaften den Ausfall abfedern können. Aber für das vom Streik betroffene Krankenhaus beziehungsweise für das Unternehmen bedeutet dieser Ausfall, auch wenn nur drei Fachbereiche bestreikt werden, enorme Verluste. Drohende Gewinn- oder Umsatzeinbußen und ein erhöhter Organisationsaufwand sind insofern Druckmittel, um in Tarifverträgen höhere Löhne und bessere Arbeitsbedingungen zu erkämpfen. Das beste Beispiel dafür sind die bereits erwähnten finnischen Pflegekräfte, denen es 2007 gelungen ist, eine Steigerung ihres Gehaltes um circa 20 Prozent zu erreichen.

Auf die eigene Einstellung und das Engagement für seine beruflichen Ziele zu kämpfen, kommt es an. Also sollten wir nicht immer nur auf die anderen schauen, sondern überlegen, was wir ganz persönlich tun können. Und das betrifft auch die Einstellung mancher Pflegekräfte. Ich würde es niemals jemandem vorwerfen, diesen Beruf verlassen zu haben oder demotiviert zu sein. Doch es beginnt schon beim Umgang mit dem Nachwuchs, den Auszubildenden. Statt die angehenden Pflegekräfte von Beginn an zu demotivieren und den eigenen Frust an sie weiterzugeben, würde ich mir eher solche Worte wünschen: »Ihr habt einen schönen Beruf ergriffen, aber die Arbeitsbedingungen sind nun mal schlecht. Bleibt dabei, aber kämpft dafür, dass es besser wird. Kritisiert aktiv. Wehrt euch. Setzt euch für eine gute Pflege ein, für bessere Löhne, für mehr Personal. Prangert Missstände an, geht in die Politik, in die Gewerkschaft, in den Berufsverband, engagiert euch in der Pflegekammer. Macht etwas, um euren Beruf weiterzubringen. Sorgt dafür, dass ihr und die euch nachfolgenden Pflegekräfte den Beruf lange und gut ausüben könnt. Lasst uns gemeinsam für eine bessere Pflege kämpfen.« Denn was nützt es, den Nachwuchs direkt zu vergraulen? Nur, dass in ein paar Jahren noch weniger von ihnen da sind.

Denn wenn wir ein Gesundheitssystem möchten, das den Menschen in den Mittelpunkt stellt, wenn wir eine Pflege möchten, die nicht noch kränker macht, sondern kuriert und unterstützt, dann müssen strukturelle Änderungen vorgenommen werden. Wir Pflegekräfte können zwar selbst Einfluss auf unser Schicksal nehmen, aber beim Gesetzgeber und damit bei der Politik liegt ein Großteil der Verantwortung. In Deutschland wird vieles reguliert – egal ob es die tausend Vorgaben sind, die beim Bau eines Hauses zu berücksichtigen sind oder die TÜV-Kontrollen fürs Auto. Die Liste der Vorgaben ist endlos. Aber wir Pflegekräfte dürfen zehn, zwanzig oder vierzig Patienten allein betreuen? Ist das nicht merkwürdig? In einem Land, in dem die meisten sich sicher fühlen. Sicher, weil wir all diese Gesetze haben, weil alles genormt und überprüft wird. Das halte ich auch für richtig, gleichzeitig aber ist es mir völlig unverständlich, warum die Kontrolle in so einem sensiblen und gefährlichen Bereich wie der Pflege nur begrenzt stattfindet. Es gibt keine Vorgabe, welche maximale Anzahl an Patienten eine Pflegekraft betreuen darf, außer für die Frühchen-Intensivstation. Für alle anderen Bereiche im Krankenhaus bedeutet dies, dass die Anzahl des Pflegepersonals keinerlei Kontrolle unterliegt.

Im Koalitionsvertrag haben CDU/CSU und SPD festgelegt, dass für alle bettenführenden Stationen Personaluntergrenzen festgelegt werden. Personaluntergrenzen heißt, wie viele Patienten eine Pflegekraft in einem Fachbereich maximal versorgen darf. Bisher verhandelten der GKV-Spitzenverband, also die Vertretung der gesetzlichen Krankenversicherungen, und die Deutsche Krankenhausgesellschaft (DKG) über diese Personaluntergrenzen, jedoch nur in sogenannten pflegesensitiven Bereichen. Dazu gehört zum Beispiel nicht die Onkologie, also der Fachbereich, in dem Menschen mit Krebserkrankungen behandelt werden. Das zeigt, wie wenig sinnvoll die Beschränkung auf nur einige Stationen und wie verfehlt der Begriff »pflegesensitiv« in diesem Zusammenhang ist. Und der GKV-Spitzenverband und die DKG konnten sich nicht einmal in diesen wenigen Bereichen einigen.[159] Das Versagen der Selbstverwaltung wurde an dieser Stelle deutlich sichtbar.

In Folge dessen übernahm Gesundheitsminister Jens Spahn die Festlegung dieser Untergrenzen. So sollen zum 1. Januar 2019 in den Bereichen Intensivstation, Kardiologie, Geriatrie, Unfallchirurgie, Neurologie und Herzchirurgie Untergrenzen gelten. Dabei ergeben sich jedoch zwei Probleme: Zum einen sind Personaluntergrenzen eben auch nur Untergrenzen und stellen keine bedarfsgerechte Versorgung dar. Dabei haben die gesetzlich Versicherten nach Sozialgesetzbuch V einen Anspruch auf eine dem Bedarf entsprechende Versorgung.[160] Personaluntergrenzen dienen somit nicht dem Zweck, den Bedarf zu decken, sondern nur zu vermeiden, dass es zu Patienten gefährdenden Situationen kommt. Zum anderen ist die Beschränkung auf einen Teil der Stationen problematisch. Gelten die Vorgaben nicht für alle Stationen in einem Krankenhaus, so kann Personal von den Stationen, bei denen es keine Vorgaben gibt, auf die Stationen versetzt werden, auf denen die Regularien greifen.

Dann werden zwar die Personaluntergrenzen in den jeweiligen Bereichen erfüllt, die personelle Situation jedoch verschlechtert sich dadurch auf den anderen Stationen. Es kommt somit nur zu einer hausinternen Umverteilung des Personals. Aus diesem Grund ist es notwendig, wie bereits im Koalitionsvertrag festgelegt, dass die Vorgaben auf alle Bereiche erweitert werden.[161]

Das langfristige Ziel muss eine verbindliche Personalbemessung sein, die sich an dem individuellen Bedarf der Patienten orientiert, ähnlich wie die Pflege-Personalregelung in den neunziger Jahren. Auch heute noch findet sie in vielen Krankenhäusern Anwendung, um die Arbeitsbelastung auf den verschiedenen Stationen zu erfassen und um das Personal entsprechend einzusetzen. Simon stellt in seiner Studie in diesem Zusammenhang fest: »Zwar ist eine ausreichende Personalbesetzung kein Garant für gute Ergebnisqualität, aber sie ist unabdingbare Voraussetzung dafür.«[162] Wie bereits im zweiten Kapitel erwähnt, betrifft das auch die Sicherheit der Patienten. Die Wahrscheinlichkeit, dass ein Patient im Krankenhaus stirbt, steigt, wenn die Pflegekraft, die sich um ihn kümmert, zu viele andere Patienten zeitgleich betreuen muss. Genauer: Mit jedem weiteren Patienten, den die Pflegekraft versorgt, steigt die Mortalitätsrate der Patienten um sieben Prozent.[163] Das schafft kein Vertrauen in unser Gesundheitssystem und insbesondere nicht in die Krankenhäuser. Wenn der Patient sich für ein Krankenhaus entscheidet, weiß er nicht, ob er nachts mit knapp 40 Mitpatienten von einer Pflegekraft betreut wird und bei Schmerzen oder Komplikationen unter Umständen eine Stunde warten muss. Denn es gibt keine Vorgaben und damit niemanden, der die Zustände überprüft.

Die Idee, verbindliche Personaluntergrenzen oder sogar eine bedarfsgerechte Personalbemessung einzuführen, trifft bei weitem nicht auf Zustimmung von allen Seiten. Vor allem ein Argument wird in diesem Zusammenhang immer wieder angeführt, das auch ich schon einmal vorgebracht habe: Die Pflegekräfte fallen nicht vom Himmel. Diese Behauptung trifft zu, aber es muss dabei die kurze Verweildauer im Pflegeberuf und der Anstieg der Teilzeitbeschäftigungen berücksichtigt werden. Es gibt eine Anzahl von Pflegekräften, die man wieder zurück in den Beruf gewinnen könnte und Pflegekräfte, die ihre wöchentliche Arbeitszeit wieder erhöhen könnten. Das gelingt aber nur, wenn die Arbeitsbedingungen und die Vergütungen massiv verbessert werden. Dazu ist die Einführung von Personaluntergrenzen ein wichtiger Schritt.

Auf Anfrage der Fraktion Bündnis 90/Die Grünen war ich im Frühjahr 2018 als Einzelsachverständiger im Gesundheitsausschuss des Bundestages geladen. Dabei ging es unter anderem um die gesetzliche Regelung von Personaluntergrenzen. Teile der Arbeitgeberverbände schürten die Angst, es käme zu einer Mangelversorgung, da Stationen schließen würden, wenn die Personalvorgaben nicht erfüllt werden könnten. Dass schon längst eine Mangelversorgung vorherrscht, scheint bei diesen Vertretern offenbar noch immer nicht angekommen zu sein. Oder sie argumentieren geschickt. Denn womit kann ich die Bevölkerung auf meine Seite ziehen? Indem ich den Anschein erwecke, die Personaluntergrenzen würden die Versorgungslage gefährden. Dabei tun sie genau das Gegenteil – langfristig betrachtet.

Nehmen wir einmal an, es würden für alle Stationen im

Krankenhaus Personalgrenzen gelten. Viele Krankenhäuser könnten diese nicht auf Anhieb erfüllen. Die Konsequenz wäre, einige Stationen zu schließen und das Personal dieser Stationen auf die anderen zu verteilen. Somit hätte man temporär weniger Betten zur Verfügung, die Vorgaben würden jedoch erfüllt und die Arbeitsbelastung der Pflegekräfte gesenkt. Für die Krankenhäuser hätte das Umsatzeinbußen zur Folge, weshalb die zum Teil ablehnende Haltung verständlich ist. Und auch aus Patientensicht erscheint die flächendeckende Einführung von Personaluntergrenzen zunächst nicht als optimale Lösung, da ein Teil der geplanten Operationen abgesagt werden müsste. Da aber nun ein anderes Zahlenverhältnis der Pflegekräfte gegenüber den Patienten besteht, erhöht sich die Qualität ihrer Versorgung und ihre Sicherheit. Die negativen Effekte des Personalmangels würden sich umkehren, was für die Patienten bedeutet: Länger warten, dafür besser und sicherer versorgt werden.

Und für die Pflegekräfte wäre es das erste Mal ein deutliches Signal: Ihre Arbeitssituation verbessert sich spürbar, die Belastung sinkt. Wenn mit dieser Veränderung zudem eine höhere Vergütung einhergeht, könnte es für einige Pflegekräfte Anreiz genug sein, ihre Arbeitsstunden wieder zu erhöhen und über Erfahrungen und Gespräche könnten außerdem ehemalige Pflegekräfte motiviert werden, wieder einzusteigen. Sobald dann durch Stundenerhöhungen und Rückkehrer die Anzahl der Vollzeitstellen steigt, könnte die erste Station wieder geöffnet werden, natürlich mit den geltenden Personalschlüsseln.

Damit ist es möglich, die Abwärtsspirale zu durchbrechen und sie in eine Aufwärtsspirale umzukehren: Durch die veränderten Arbeitsbedingungen verbessert sich die Patientenversorgung. Dadurch entstehen weniger Komplikationen und die Zahl der Wiedereinweisungen nimmt ab. Die Auszubildenden werden besser angeleitet und lernen in einem ruhigeren Arbeitsumfeld. Die Anzahl der Berufsaussteiger sinkt damit langfristig. Und so kommen nach und nach immer mehr Multiplikatoren hinzu, die dafür sorgen, dass gute Pflege möglich wird.

Der Politik obliegt nicht nur die Verantwortung, die Rahmenbedingungen vorzugeben und durch Gesetze zu regeln, sie muss auch deren Einhaltung überprüfen und transparent machen. Um die tatsächliche Pflegequalität in Krankenhäusern, Pflegeheimen und bei ambulanten Pflegediensten zu ermitteln, ist ein unabhängiges Institut nötig, das weder von Arbeitgeberinteressen noch von denen der Kassen beeinflusst ist. Die Einrichtungen müssen dann in regelmäßigen Zeitabständen nachweisen, wie die Besetzung auf den Stationen war, wie viele Patienten behandelt wurden und auf welche Höhe sich der Pflegeaufwand belief. Daraus ergibt sich eine Übersicht, die den Patienten auf einer Homepage zugänglich ist. Ebenso sollten unangemeldete Kontrollen vorgenommen werden, um sicherzustellen, dass Vorgaben konsequent eingehalten werden. Hat ein Patient einen operativen Eingriff vor sich, kann er sich im Vorhinein über die Qualität der Pflege informieren und sie in seine Entscheidung für oder gegen eine Klinik miteinbinden. Das erhöht den wirtschaftlichen Druck auf die Krankenhäuser. Und der Wettbewerb um die beste Versorgungsqualität kommt dann allen zu Gute – Pflegekräften und Patienten.

Eine weitere Verpflichtung, der der Gesetzgeber nachkommen muss, ist die Übernahme der Investitionskosten der Krankenhäuser. Dies regelt das Krankenhausfinanzierungsgesetz, nach dem die Krankenkassen die laufenden Betriebskosten, darunter die Personalkosten, und die Bundesländer die Investitionskosten, wie die Kosten für Bauvorhaben, übernehmen müssen. Jedoch kommen viele Bundesländer dieser Verpflichtung nicht in ausreichendem Maß nach. So sanken die Fördermittel von 1991 bis 2015 preisbereinigt insgesamt um 49,6 Prozent.[164] 2017 stellten sie den Krankenhäusern insgesamt 2,98 Milliarden Euro zur Verfügung, 2016 waren es 2,74 Milliarden Euro. Das Gesundheitsministerium geht dabei von einem Investitionsbedarf von 6,6 Milliarden Euro aus.[165] Das führt bei vielen Krankenhäusern zu einem Investitionsstau. Als Resultat werden Investitionskosten, die eigentlich das Land tragen müsste, aus anderen Töpfen abgezogen. Davon ist meist auch die Pflege betroffen. Hier ist also der Appell an die Bundesländer zu richten: Erfüllt eure Investitionspflicht.

Gute Pflege kostet Geld. Da stellt sich die Frage: Wie kann unser Sozialversicherungssystem all die Kosten für Personal und Material überhaupt decken? Kaum eine Frage bringt mich mehr auf. Deutschland ist auf der Welt das Land mit dem viertgrößten Bruttoinlandsprodukt.[166] Der Staat hat zwei Billionen Euro Schulden[167] und das private Geldvermögen beläuft sich auf 6,1 Billionen Euro, das sind 75 000 Euro für jeden Deutschen.[168] Es ist kein Geheimnis, dass dieses Vermögen sich nicht sehr breit auf die Bevölkerung verteilt. Doch was hat das mit Pflege zu tun? Auf den ersten Blick vielleicht nicht viel. Doch es spielt eine Rolle, wenn die Frage gestellt wird, ob und wie viel gute Pflege wir uns leisten können. Ob bei der Finanzierung unseres Staates, insbesondere unseres sozialen Sicherungssystems, das Vermögen von Privatpersonen berücksichtigt werden sollte, ist eine grundlegende Debatte.

Unser Sozialversicherungssystem und damit die Kranken- und Pflegeversicherung beziehen sich auf das monatliche Einkommen der Versicherten. Die Problematik, die die Beitragsbemessungsgrenze in sich birgt, wurde bereits in Kapitel 3 thematisiert. Und am Beispiel Norwegen ist eine sinnvollere und gerechtere Möglichkeit, ein Sozialsystem zu finanzieren, deutlich geworden.

Wenn jeder in Deutschland den gleichen prozentualen Anteil seines gesamten Einkommens, also zum Beispiel auch Kapitalerträge, in die Kranken- und Pflegeversicherung einzahlen würde, wäre die Finanzierung unseres Sozialversicherungssystems deutlich gerechter. Einige Arbeitnehmer und Arbeitgeber würden nicht mehr überproportional belastet werden. Greifen wir das Beispiel vom Vorstandsvorsitzenden eines Automobilkonzerns auf, der 833 000 Euro im Monat erhält und davon gerade einmal 470 Euro für die gesetzliche Krankenversicherung zahlen müsste. Wenn der gleiche Prozentsatz wie bei durchschnittlichen Arbeitnehmern gelten würde, müsste er knapp 80 000 Euro alleine für die gesundheitliche Absicherung zahlen, die steuerlichen Abgaben kämen noch hinzu. So wären es am Ende etwa 60 Prozent seines Bruttolohnes, die abzugeben sind. Ist das fair? Ihm bleiben knapp über 300 000 Euro im Monat. Zu bewerten, ob das zum Leben reicht, überlasse ich Ihnen.

Es geht hier nicht um eine Neiddebatte. Es geht darum,

dass wir auf der einen Seite immer wieder aufs Geld schielen und an jeder Stelle sparen und auf der anderen Seite diejenigen, die über sehr viel Geld verfügen, nicht einmal dazu bringen, einen Prozent davon abzugeben, während die Reinigungskraft, der Busfahrer oder der Handwerker ungefähr ein Zehntel ihres Gehalts abgeben müssen. Wären wir nicht 80 Millionen Menschen, sondern 80, würden Sie es dann tolerieren, dass einer mehr besitzt als die 79 anderen zusammen, die kaum genug Mittel haben, um die Kranken und Pflegebedürftigen zu versorgen?

Wir sollten das Gedankenexperiment auf unsere Gesellschaft übertragen. Ich halte nichts von einem »Die gegen uns«. Ich möchte niemanden enteignen und finde es angemessen, wenn Menschen, die eine hohe Verantwortung in einem Unternehmen tragen, auch entsprechend entlohnt werden. Aber niemand kann eine so hohe Verantwortung tragen, dass er dafür an einem Tag soviel Geld erhält, wie eine Pflegekraft in einem ganzen Jahr, in deren Verantwortung Menschenleben liegen. Deswegen plädiere ich dafür, unser Kranken- und Pflegeversicherungssystem in ein beitragsbemessungsfreies System umzuwandeln. Alle Menschen, die in Deutschland leben, zahlen dann auf ihr gesamtes Einkommen den gleichen Prozentsatz. Dadurch steht deutlich mehr Geld zur Verfügung. Dies könnte sinnvoll im Gesundheitssystem und damit auch in der Pflege eingesetzt werden. Und falls sich ein Überschuss abzeichnet, kann der für alle geltende Prozentsatz gesenkt werden. Das beitragsbemessungsfreie System führt außerdem dazu, dass die Arbeitnehmer entlastet werden, obwohl sie mehr Leistungen erhalten. Das ist sozial gerecht.

In Bezug auf das Thema soziale Gerechtigkeit tragen natürlich auch die Krankenhäuser eine entscheidende Verantwortung. Auf der einen Seite suggerieren die Arbeitgeber, besonders die der privaten Krankenhäuser, sie hätten einen großen Kostendruck. Sie könnten einfach nicht mehr Geld für die Pflege erübrigen, nicht für mehr Personal aufkommen. Auf der anderen Seite sind Aktien für Gesundheitsunternehmen und insbesondere für Klinikketten gefragt. Denn die Rendite ist hoch und sicher, sie machen Gewinn. Aber wie geht das, wenn kein Geld da ist?

Vor allem private Krankenhäuser und Pflegeeinrichtungen haben wirtschaftliche Interessen. Es war eine absolut falsche Entscheidung, die Gesundheitsversorgung in Deutschland immer weiter zu privatisieren. Es gibt grundlegende Dinge, für die der Staat die Verantwortung trägt und auf die jeder Mensch ein Anrecht hat. Gesundheit gehört dazu. Ich glaube nicht, dass wir in Deutschland dieses System so schnell ändern können. Daher muss das System so umgewandelt werden, dass es trotz Privatisierung eine gute pflegerische und medizinische Versorgung ermöglicht. Und zwar für alle.

Krankenhäuser sind Unternehmen. Ein Krankenhaus, das nicht wirtschaftlich arbeitet, wird nicht bestehen. Das führt dazu, dass Entscheidungen bei Behandlungen nicht ausschließlich von rein medizinischen und pflegerischen Gesichtspunkten geprägt sind, sondern es spielt auch eine Rolle, welche Behandlung lukrativer ist. Dadurch geraten vor allem Ärzte, aber auch Pflegekräfte in moralisch schwierige Situationen. Und das, weil es der Gesetzgeber so will. Wir müssen mit unseren Ressourcen, personell wie materiell, sorgsam umgehen, aber das Wohl des Menschen sollte immer an erste Stelle stehen.

In Norwegen ist das der Fall, wie wir gesehen haben. Dort steht der Mensch im Fokus und das Geld, das die Menschen für ihre Krankenversorgung zahlen, kommt am Ende auch wieder bei ihnen an. Das Geld, das übrig bleibt, wird nicht als Gewinn verbucht, sondern in die Fortentwicklung der Pflege und Medizin investiert. Den Bereichen Technik und Digitalisierung kommt etwa das Geld zugute und es trägt dazu bei, die Arbeitsbelastung zu verringern und die Sicherheit zu erhöhen. In Deutschland liegen wir in diesen Bereichen im Vergleich mit anderen Ländern erheblich zurück. Egal ob Patientenakten, Verwaltungsdokumente, Aufnahmepapiere oder Rezepte, vieles wird noch per Hand geschrieben. In einem externen Einsatz während der Ausbildung erlebte ich einmal eine besondere Form der Kommunikation mit dem Arzt. Auf einem weißen Blatt Papier wurde ein handschriftlicher Brief verfasst, der dann an die Arztpraxis geschickt wurde. Per Fax. Ich muss zugeben, ich hätte vor meiner Ausbildung nicht vermutet, dass es überhaupt noch Menschen gibt, die Faxgeräte in großem Maße nutzen. Diese Anekdote zeigt jedoch, wie wenig Potentiale bislang in Bezug auf die digitale Entwicklung ausgeschöpft werden.

Es geht dabei auch um die Ressourcen. Ein durchschnittlich großes Universitätsklinikum stellt etwa sechs Millionen Dokumente im Jahr her. Würde dieses Papier gestapelt werden, ergäbe es eine Strecke von eineinhalb Kilometern.[169] Und das in nur einem Krankenhaus in Deutschland. Der Papierverbrauch aller Krankenhäuser zusammen ist kaum vorstellbar. Das Universitätsklinikum Dresden geht mit gutem Beispiel voran: In einem halben Jahr rettete es mit Digitalisierung und Recyclingpapier 55 Kieferbäume vor der Abholzung.[170] Die viel wichtigere Frage lautet jedoch: Wie viele Patienten könnten gerettet werden? In einer Forsa-Umfrage gaben 70 Prozent der Ärzte an, dass durch die Digitalisierung »Patienten im Notfall schneller versorgt« werden könnten und 86 Prozent gaben an, dass »mehr Sicherheit durch Hinweise auf Medikamente und Vorerkrankungen« vorherrsche.[171] Und die Hans-Böckler-Stiftung bestätigte mit ihrer Online-Befragung, dass die Arbeit der Pflegekräfte dadurch erleichtert werde.[172]

Der Nutzen liegt auf der Hand und auch die Politik hat das begriffen. Das Gesundheitsministerium plant, die Unternehmen bei der digitalen Umstellung finanziell zu unterstützen. Doch diese Unterstützung ist mehr Schein als Sein. Denn es handelt sich nur um eine Summe von bis zu 12 000 Euro pro Unternehmen.[173] Für die meisten Einrichtungen ist das ein kaum nennenswerter Betrag. Doch es ist auch wichtig, dass die Unternehmen selbst mehr in diesen Bereich investieren. Er bietet aus betriebswirtschaftlicher Sicht einige Vorteile. Die Pflegekräfte sind dadurch dazu in der Lage, mehr Zeit für die direkte Patientenversorgung zu verwenden und verschwenden keine Zeit mit überflüssiger oder umständlicher Dokumentation. Durch meinen Aufenthalt in Norwegen habe ich einen Einblick bekommen, was im Hinblick auf digitales Arbeiten möglich ist. Jedoch sollte nicht verschwiegen werden, dass auch in Deutschland einige Unikliniken in diesem Bereich sehr fortschrittlich tätig sind. Auf die Mehrzahl der Krankenhäuser trifft das allerdings nicht zu, sie stehen noch ganz am Anfang.

Möglichkeiten, die die Digitalisierung bietet, sind beispielsweise die Nutzung einer Cloud, also eine Art Online-Speicher, auf den jeder mit entsprechendem Zugangsrecht zugreifen kann und die Einführung digitaler Patientenakten, die alle relevanten Informationen enthalten. Wenn ein Patient zum Beispiel wegen eines Unfalls ins Krankenhaus kommt und er seine Versichertenkarte vorlegt, kann die Pflegekraft gleich alle Daten einsehen, die medizinisch und pflegerisch relevant sind: Die frühere Krankheitsgeschichte des Patienten, seine Blutwerte der letzten Untersuchung, bekannte Erkrankungen und alte Befunde. Dadurch wird seine Versorgung beschleunigt und vor allem werden damit Zusammenhänge besser erkannt. Geht ein Patient über Jahre zu verschiedenen Ärzten, jeweils mit anderen Symptomen, ergibt sich für die einzelnen Ärzte immer nur ein eingeschränktes Bild. Erhält man den gesamten Krankheitsverlauf auf einen Blick, sind Entwicklungen leichter festzustellen.

Einen weiteren Vorteil, insbesondere aus pflegerischer Sicht, bietet die Digitalisierung im Hinblick auf die Vernetzung der stationären Pflege in Heimen und der in Krankenhäusern. Zurzeit müssen die Pflegekräfte in den Krankenhäusern und Pflegeheimen bei Verlegung oder Überweisung der Patienten eine Pflegeüberleitung mit allen relevanten aktuellen Informationen verfassen, in der unter anderem seine Ressourcen und Unterstützungsschwerpunkte festgehalten sind. Könnten die Mitarbeiter im Krankenhaus auf die Daten des Patienten in einer Cloud zugreifen, könnten sich die Pflegekräfte diesen Schritt ersparen. Das schafft mehr Zeit und außerdem gehen damit deutlich weniger Informationen verloren. Denn viel zu oft sind Überleitungen unvollständig, was auch an der Überlastung und den knappen zeitlichen Ressourcen der Mitarbeiter liegt.

Die Digitalisierung wäre insofern für alle ein Gewinn.

Mehr Zeit für die Patientenversorgung, weniger Informationsverlust. Dabei muss zweifellos die Sicherheit der Daten stets gewährleistet sein. Deshalb ist es wichtig, dass es beschränkte Zugangsberechtigungen gibt. Nicht jedes Krankenhaus oder jede Arztpraxis sollte Zugriff auf die Daten haben, sondern nur die tatsächlich in die Behandlung eingebundenen Akteure. Zudem sollte jegliche Einsicht in die Daten nur im Einverständnis mit dem Patienten stattfinden. Die herrschende Skepsis bezüglich der Datensicherheit ist nachvollziehbar, jedoch sollten Risiko und Nutzen abgewogen werden. Im Zweifel ist es sinnvoller, das Risiko einzugehen, dass eine Person mehr Einblick in meine Krankendaten hat, wenn dafür die Versorgung in einer Notfallsituation schneller vonstattengeht. Die Nutzung einer Cloud erfordert eine regelmäßige, lokale Datensicherung, bei der wichtige Informationen auf Servern oder anderen Speichermedien gesichert werden, die nicht ans Netz gebunden sind.

Daneben ist es notwendig, auch die technischen Geräte in der Versorgung besser miteinander zu vernetzen: zum Beispiel Systeme, die auf der Intensivstation die Blutwerte des Patienten anzeigen und eigenständig Diagramme etwa zum Verlauf von Flüssigkeitsbilanzen erstellen, an denen Entwicklungen abgelesen werden können. Oft ist es noch so, dass um an diese Informationen zu gelangen, in der Patientenkurve erst drei Tage zurückgeblättert werden muss. Das ist stumpf, dauert lange und manche Entwicklungen werden so nicht schnell genug erkannt. Ein digitales System integriert alle Daten und stellt sie graphisch dar. Dieses in Deutschland flächendeckend zu etablieren, ist technisch möglich. Aber es ist wie so vieles auch an dieser Stelle eine Frage des Geldes.

Eine weitere interessante Idee im Zusammenhang mit der Digitalisierung im Gesundheitswesen ist die Möglichkeit der Weiterbildung oder Spezialisierung in der Ausbildung für Informatiker im Bereich der Pflege. Dadurch werden pflegerische Lerninhalte in kompakter Form in die Ausbildung integriert und eine Praxisphase in der Pflege kann Einblicke in den Berufsalltag gewähren. Systeme, die die Dokumentation und Vernetzung von Geräten steuern, können dann noch besser an die Bedürfnisse der Pflegekräfte und der Patienten angepasst werden.

Die Attraktivität eines Berufes hängt nicht nur mit dem Gehalt und der Arbeitsbelastung, sondern auch mit den Aufgaben und Fähigkeiten, die er erfordert, zusammen. So ist die Ausbildung in ihrer Gestaltung für viele ein Kriterium, ob sie den Pflegeberuf erlernen möchten oder nicht. Die Komplexität der Versorgung von Patienten steigt immer weiter an. Pflegekräfte in Altenheimen sind verstärkt mit therapeutischen Maßnahmen und Behandlungspflege konfrontiert, während die alterstypischen Veränderungen der Menschen immer mehr den Klinikalltag prägen. Somit überschneiden sich Alten- und Krankenpflege in zunehmendem Maße. Aufgrund dessen wurde im Rahmen der Reform der Pflegeausbildung, die ab 2020 gelten soll, beschlossen, dass die Ausbildungen der Alten- und (Kinder-)Krankenpflege zusammengefasst werden. Künftig beginnen alle Pflegekräfte gemeinsam die Ausbildung. Nach zwei Jahren besteht dann die Möglichkeit, zu entscheiden, ob man sich auf Alten- oder Kinderkrankenpflege spezialisieren möchte oder stattdessen den allgemeinen Abschluss als Pflegefachmann beziehungsweise Pflegefachfrau machen möchte. Letztere können dann theoretisch in allen Bereichen eingesetzt werden.

Es ist grundsätzlich eine gute Idee, die Schnittpunkte der drei Arbeitsbereiche zu vertiefen, jedoch greift diese Reform zu kurz. Altenpflege und Krankenpflege sind bisher eigenständige Ausbildungen mit sich unterscheidenden Curricula. Und nun werden beide mit der Kinderkrankenpflege zusammengefasst. Dabei ist es ohnehin eine kaum zu bewältigende Herausforderung, alle Themengebiete der Ausbildung der Krankenpflege in nur drei Jahren zu erlernen. Die Integration der Inhalte von zwei weiteren Ausbildungen wird dazu führen, dass der Lernstoff nur noch sehr oberflächlich behandelt wird.

Deshalb wäre es sinnvoll, die Ausbildung im gleichen Zuge um mindestens ein bis eineinhalb Jahre zu verlängern. Im ersten Abschnitt würde dann die generalistische grundlegende Ausbildung liegen, in der alle gemeinsam die Vernetzung der drei Bereiche und die grundlegenden Themen erlernen. Anschließend können sich die Auszubildenden dann in einem zweiten Abschnitt in einem Bereich, wie etwa der Kinderkrankenpflege, spezialisieren. Das ist mit der ärztlichen Ausbildung vergleichbar, bei der zunächst ein Grundstudium durchlaufen wird und danach in der Weiterbildung zum Facharzt die Spezialisierung in einem Bereich erfolgt.

Es gibt heute schon viele Hochschulen, die Studiengänge im Pflegebereich anbieten. Ein Teil dieser ist als duales Studium angelegt, das in der Ausbildung bereits begonnen und danach abgeschlossen wird. Spezialisierungen sind unter anderem in Bereichen wie Pflegewissenschaft, Pädagogik, Management und Beratung möglich. Doch häufig führt ein

Studium die Pflegenden von der direkten Patientenversorgung weg. Deshalb ist es wichtig, dass es mehr Möglichkeiten gibt, Pflegekräfte mit Studium in der täglichen Versorgung der Patienten einzubinden. Ein Beispiel dafür ist der Studiengang Klinische Pflege, der darauf ausgelegt ist, Pflegekräfte mit einem Studium für die praktische Tätigkeit zum Beispiel in der Intensivpflege vorzubereiten.

Ein Grund, warum es sinnvoll ist, dass Pflegekräfte zunehmend über ein Hochschulstudium qualifiziert werden, ist die nachgewiesene Steigerung der Qualität in der Patientenversorgung. Das untermauert die zu Beginn erwähnte Studie, in der 420 000 Patienten in 300 Krankenhäusern in neun europäischen Ländern untersucht wurden.[174] Dabei wurde festgestellt, dass die Sterblichkeitsrate geringer war, wenn mehr akademisierte Pflegekräfte in die Versorgung miteingebunden wurden. In vielen europäischen Ländern ist der Zugang zum Pflegeberuf nur noch über ein Studium möglich. Nicht nur die Qualität der Pflege selbst steigt dabei, sondern der Pflegeberuf als solcher kann sich auch schneller und zielführender weiterentwickeln, umso mehr Menschen Konzepte erarbeiten und hinterfragen, Maßnahmen evaluieren und auf ihre Wirksamkeit hin überprüfen.

Die Idee, den Anteil akademisierter Pflegekräfte zu erhöhen, dürfte jedoch sowohl bei Arbeitgebern als auch bei einigen Pflegekräften auf Kritik stoßen. Für Arbeitgeber bedeutet das höher qualifizierte Personal höhere Ausgaben. Zudem könnte das Hinterfragen der Strukturen, das wissenschaftliche Erforschen von Prozessen Missstände noch deutlich sichtbarer machen. Und auch viele Pflegekräfte stehen der Akademisierung kritisch gegenüber. Zum einen befürchten sie, dass die theoretische Ausbildung gegenüber der praktischen überwiegt und somit Theoretiker ausgebildet werden, denen in der Praxis grundlegende Kompetenzen fehlen. Zum anderen herrscht Sorge darüber, dass neue Hierarchien durch unterschiedliche Qualifikationsniveaus entstehen.

Ich bin nicht dafür, dass der Zugang zum Pflegeberuf nur noch über ein Studium möglich ist. Denn die Ausbildung findet auf einem hohen Niveau statt und die im Krankenhaus und in Pflegeheimen tätigen Fachkräfte leisten jeden Tag qualitativ hochwertige Pflege, vor allem unter Berücksichtigung der herrschenden Arbeitsbedingungen. Auch die offenen Bildungswege in der Pflege, die wir in Deutschland haben, sind sehr sinnvoll. So kann sich zum Beispiel jemand, der mit einem Realschulabschluss die Schule verlassen hat, über die Ausbildung für ein Pflegestudium qualifizieren, ohne das Abitur nachholen zu müssen. Und die Möglichkeit, den Beruf durch ein Studium zu ergreifen, macht ihn möglicherweise für Menschen attraktiver, die ein Studium einer Ausbildung vorziehen.

Doch an dieser Stelle verfolgen viele Politiker eine andere Strategie. Anstatt Anforderungen beizubehalten und den Markt auch für Akademiker zu öffnen, unternehmen sie den Versuch, durch das Herabsenken des Niveaus mehr Personal zu gewinnen. Wenn es darum geht, dass wir in Deutschland zu wenig Pflegekräfte haben, ist häufig der erste Impuls, die Berufsanforderungen herabzusetzen. Diese Abwertung halte ich für falsch. Das löst das Problem nicht, erst die guten Pflegekräfte zu vergraulen und dann diejenigen zu nehmen, die schwer vermittelbar sind. Keiner möchte einen Beruf haben, von dem man sagt: »Das kann doch jeder« oder »Das machen die, die nichts anderes hinbekommen«. Das verstärkt den Effekt, dass der Beruf weiter an Attraktivität verliert.

Darüber hinaus steht außer Frage, dass die Qualität der Pflege unbedingt erhalten werden muss. Es geht um Menschen, um die Arbeit an und mit ihnen. Die Auszubildenden sind sehr früh auf der Station und müssen schnell lernen, Situationen richtig einzuschätzen und eigenständig zu handeln. Dass die Auszubildenden über die drei Jahre behütet und überwacht werden, ist eine Wunschvorstellung. Sie müssen frühzeitig eigenverantwortlich arbeiten und Entscheidungen treffen. Insofern unterscheidet sie sich von einer schulischen Ausbildung, bei der die Ausbildung hauptsächlich in der Berufsfachschule stattfindet. Es kann nicht darauf gewartet werden, ob der Auszubildende einer Aufgabe gewachsen ist oder nicht. Deshalb ist es problematisch, die dreijährige Ausbildung für Menschen mit Hauptschulabschluss oder ohne Schulabschluss zu öffnen. Denn Hauptschülern, die wirklich in die Pflege möchten, bleibt das im derzeitigen System nicht verwehrt. Entweder sie erwerben den Realschulabschluss oder sie absolvieren die Ausbildung zum Pflegeassistenten oder Pflegehelfer, um sich damit für die dreijährige Ausbildung zu qualifizieren.

Die Abwertung des Pflegeberufs muss gestoppt werden. Es ist richtig, dass Herz und Empathie notwendig sind. Aber das allein reicht nicht. Wir Pflegekräfte führen nicht nur aus, wir handeln eigenständig und selbstverantwortlich. Wir planen, führen durch und evaluieren. Es geht nicht darum, jemanden auszuschließen. Aber wenn es Berufe gibt, in denen die Zugangshürden hoch sein sollten, dann sind es jene, in denen man Verantwortung für Menschenleben trägt.

Ich habe festgestellt, dass das Bild des Pflegeberufes, das in der Gesellschaft vorherrscht, zu einem großen Teil nicht die Realität widerspiegelt. Und darunter leidet die Attraktivität des Berufes. Vielen Menschen ist nicht bewusst, wie komplex und abwechslungsreich Pflege tatsächlich ist. Deshalb ist es wichtig, Maßnahmen zu ergreifen, um den Beruf in der Öffentlichkeit in angemessener Weise darzustellen. Es geht nicht darum, Dinge schön zu reden. Aber die positiven Facetten des Berufes kommen in der öffentlichen Darstellung oft zu kurz.

In Kapitel 1 wurde beschrieben, was Pflege ausmacht und warum der Beruf so besonders ist. Ziel muss es sein, dies der Mehrheit der Bevölkerung und vor allem den jungen Menschen zu vermitteln, die sich noch nicht für einen Beruf entschieden haben. Es gab einmal eine Kampagne der Bundeswehr. »Die Rekruten« waren ein YouTube-Format, bei dem die angehenden Soldaten während ihrer Grundausbildung und darüber hinaus mit der Kamera begleitet wurden.[175] Dies stellte die Realität der Ausbildung sehr gut dar und verschaffte dem Zuschauer einen guten Einblick in den Alltag.

Eine solche, großangelegte Kampagne würde ich mir auch für die Pflege wünschen. Dass wirklich mal Geld in die Hand genommen wird, die Ausbildung von Pflegekräften realitätsnah dokumentiert wird und einem breiten Publikum zugänglich gemacht wird. Ein Beispiel war die Kampagne »Gepflegt in die Zukunft« des Berliner Senats für Gesundheit und Soziales. Sie befasste sich zwar nicht mit professioneller Pflege, aber gewährte durch die Einbindung einiger Prominenter, wie Ingo Appelt und Stefan Kretzschmar, auf unterhaltsame Weise einen kleinen Einblick in den Pflegealltag. Auch wenn das Bild nicht sehr nah an der Realität war, erhöhte sich die Zahl der Auszubildenden in der Altenpflege in einem Jahr um 14 Prozent.[176]

Im Jahr 2011 wurde die Wehrpflicht und damit auch der Zivildienst ausgesetzt. Erst vor kurzem entbrannte die Diskussion um die Einführung eines sogenannten Gesellschaftsdienstes. Das würde meiner Meinung nach viele Vorteile bieten. Während Befürworter diese Idee als Bereicherung für die ganze Gesellschaft erachten, gibt es gleichzeitig viele Kritiker, die es als Zwangsarbeit deklarieren. Tatsächlich sprechen sich 66 Prozent der Deutschen für einen solchen Gesellschaftsdienst aus.[177]

Es wäre sinnvoll, wenn junge Menschen nach dem Schulabschluss die Wahl haben, entweder ein Jahr Wehrdienst zu leisten oder in einem sozialen Bereich tätig zu werden. Im Gegensatz zum damaligen Wehrdienst muss das für Männer und Frauen gleichermaßen gelten, alles andere ist weder zeitgemäß noch gerecht. Außerdem ist es wichtig, dass den Dienstleistenden eine Aufwandsentschädigung zukommt, sie also finanziell unterstützt werden. Seit der Aussetzung der Wehrpflicht beklagen immer mehr gemeinnützige Organisationen wie Tafeln, Bahnhofsmissionen und Pflegeheime einen Mangel an unterstützendem Personal. Das trifft vor allem die Schwächsten unseres Landes. Das Jahr des Gesellschaftsdienstes ist nicht als Zwangsdienst zu verstehen, sondern vielmehr als ein Jahr der Bildung. In der Schule geht es in erster Linie um das Erlernen und Wiedergeben von Wissen. Das Erlernen von sozialen Kompetenzen bleibt dabei häufig auf der Strecke.

Nicht wenige junge Menschen wachsen in einer Wohlstandblase auf, es gibt immer mehr Helikopter-Eltern, die ihre Kinder durch das Leben lotsen. Sie haben kaum Kontakt zu Menschen die keine Rolle in ihrem täglichen Leben spielen: Obdachlose, Flüchtlinge, psychisch kranke Menschen, alte Menschen, Menschen am Rande der Gesellschaft. Damit sind nicht die Superreichen gemeint, sondern vor allem diejenigen, die guten Verhältnissen entstammen, sie haben keine finanziellen Probleme, bekommen das Meiste von dem, was sie sich wünschen und sind kaum mit Leid, Tod oder Ekel konfrontiert. Auf der einen Seite ist es ohne Zweifel nichts Schlechtes, dass es vielen Menschen in unserem Land gutgeht, aber auf der anderen Seite gibt es Menschen, denen es eben nicht so gutgeht und sie dürfen nicht aus dem Blick verloren werden. Das Verständnis für diese Menschen schwindet, weil viele Menschen nicht nur in einer Wohlstandblase aufwachsen, sondern auch in einer digitalen, verzerrten Welt.

Ich bin selbst erst 22 Jahre alt und doch gehöre ich noch einer Generation an, die anders aufgewachsen ist, als es zukünftige werden. Ich sehe Achtjährige, ja sogar schon Dreijährige mit Smartphones, die es überhaupt erst gab, als ich in der siebten Klasse war. Ich halte das nicht grundsätzlich für etwas Schlechtes, aber es hat negative Folgen. Vor allem Instagram ist hier ein eindrückliches Beispiel: Es werden immer nur Ausschnitte aus einem Leben gezeigt, inszenierte Ausschnitte – der Traum-Urlaub, die tolle Party, das teure Abendessen. Es scheint, als wäre alles perfekt. Und daher beginnen sich die Menschen für den kleinsten Makel zu schämen, weil sie ein paar Pickel haben, ein paar Kilos zu viel oder schiefe Zähne. Es geht nur noch darum, immer mehr Follower und Likes zu erhalten. Es geht um Aufmerksamkeit und Anerkennung. Und es wird immer schwieriger, dem

Ideal zu entsprechen, es wird immer künstlicher. Man sieht Bilder von Menschen bei Instagram und erkennt sie im echten Leben gar nicht wieder, weil die Darstellung so verfälscht ist, dass sie mit dem Original kaum noch etwas zu tun hat.

Was hat das mit einem Gesellschaftsjahr oder mit Pflege zu tun? Dadurch, dass alles immer unechter wird und einem gesellschaftlichen Ideal entsprechen muss, gibt es auch immer mehr Menschen, die genau dieses nicht erfüllen. Es erschreckt mich, wenn ich in öffentlichen Verkehrsmitteln sehe, wie manche in meinem Alter Menschen mit Behinderungen ansehen. Und bei Facebook sind Videos von psychisch erkrankten Menschen zu finden, die im Bus anfangen laut zu schreien – darunter tausende Kommentare mit Verlinkungen und Lachsmileys. Ich gebe zu, diese Videos sind tatsächlich manchmal lustig und ich möchte niemandem vorwerfen, über etwas zu lachen, was lustig aussieht. Zumindest dann nicht, wenn man es nicht einordnen kann. Und das können viele nicht. Weil ihnen der Kontakt fehlt. Psychisch erkrankte Menschen haben in unserer Gesellschaft keinen Platz. Und das hat auch mit fehlendem Verständnis zu tun. Aus diesem Grund ist es wichtig, dass mehr Austausch hergestellt wird. Jemand, der einmal mit behinderten oder psychisch erkrankten Menschen gearbeitet hat, wird den Rest seines Lebens anders mit diesen Menschen umgehen, nämlich wie mit einem Menschen und nicht wie mit einer Attraktion.

Durch eine Dienstpflicht kommt man als junger Mensch mit Menschen in Kontakt, mit denen man sonst vielleicht nie auch nur ein Wort gewechselt hätte. Die Gesellschaft spaltet sich immer mehr auf: nach Herkunft, nach Religion, nach Einkommen und die Menschen leben aneinander vorbei. Beim Gesellschaftsdienst begegnen sich alle. So werden Vorurteile abgebaut und Menschen entwickeln Verständnis füreinander.[178]

In Bezug auf die Pflege sollten diejenigen, die ein Gesellschaftsjahr leisten, keinesfalls professionelle Pflege übernehmen. Außerdem sollten sie ohne Frage nicht auf einen Stellenschlüssel angerechnet werden, sie können den Personalmangel nicht beheben, aber sie sind eine wichtige Unterstützung. Im Krankenhaus oder im Altenheim können sie hauswirtschaftliche Tätigkeiten übernehmen, Schränke auffüllen, Essen austeilen, sich mit Patienten unterhalten, ihnen Gesellschaft leisten. Dafür müssen sie keine examinierten Pflegekräfte sein und die Patienten freuen sich über die Zuwendung. Den Pflegekräften bleibt gleichzeitig mehr Zeit und Aufmerksamkeit für ihre professionelle Pflegetätigkeit.

Diese Konsequenz ist bei vielen der vorgestellten Lösungsansätze der Fall. Keiner von ihnen ist ein Allheilmittel, aber der Anfang für eine bessere Zukunft.

EIN WORT ZUM SCHLUSS

WIR HABEN ES IN DER HAND

Gemeinsam aus dem Notstand. Diesen Untertitel trägt das Buch. Und das nicht, weil es schön klingt, sondern weil es die einzige Möglichkeit ist, den Pflegenotstand zu beenden. Wir sind *eine* Gesellschaft. Wir leben alle gemeinsam in diesem Land. Und wir sind aufeinander angewiesen. Ich bin darauf angewiesen, dass mein Müll abgeholt wird, dass Montagmorgen Brote in den Regalen liegen, dass es Menschen gibt, die für Sicherheit und Ordnung sorgen und darauf, dass mir jemand hilft, wenn ich einmal in eine Situation gerate, in der ich mir selbst nicht mehr helfen kann.

Dieses Buch ist nicht nur ein Buch über Pflege, es ist auch ein politisches Buch. Denn bevor wir fragen, was wir bewirken, wie wir helfen können, stellen wir viel zu oft Fragen wie: Was kostet uns das? Können wir uns das leisten? Das gilt nicht nur für das Thema Pflege. Egal ob Altersarmut, Bildung oder die Rettung von Kriegsflüchtlingen. Es geht immer ums Geld. Und es passiert verdammt schnell, dass wir, wenn wir über ein Thema diskutieren, das Wesentliche aus den Augen verlieren. Wir vergessen, worum es wirklich geht. Es geht um den Menschen. Und in Deutschland leben wir, verglichen mit vielen anderen Ländern, in großem Wohlstand.

Wir sind 80 Millionen. Da interessiert es viele nicht, was

der Mensch macht, der auf der anderen Straßenseite lebt, zumindest nicht in der Stadt. Wir kennen uns nicht. Wir leben aneinander vorbei. Doch was wäre, wenn wir nicht 80 Millionen, sondern nur 80 Menschen wären? Jeder würde jeden kennen, das Leben des anderen. Wäre uns dann auch alles so gleichgültig? Würden wir uns, wenn wir uns alle zusammensetzen, auch fragen, ob wir es uns leisten können? Würden wir tolerieren, dass Menschen leiden?

Ich habe in diesem Buch versucht, zu zeigen, was Pflege bedeutet. Dabei habe ich mich bewusst auf die Krankenpflege fokussiert, denn ich kann weder für pflegende Angehörige noch für die Altenpflege sprechen. Und ich kann ganz grundsätzlich auch nicht für alle Krankenpflegekräfte sprechen. Bereits zu Beginn habe ich darauf hingewiesen, dass ich keine fertigen Lösungen präsentieren kann. Und das habe ich auch nicht getan. Ich möchte vielmehr Anregungen geben, vor allem durch die Vorschläge im fünften Kapitel. Viele der Ideen sind nicht neu. Manche von ihnen sind vielleicht schon älter als ich es bin. Aber vielleicht regen sie zum Nachdenken und Handeln an.

Wir müssen uns davon frei machen, dass wir auf »die da oben« schauen und darauf warten, dass uns die perfekte fertige Lösung auf dem Silbertablett serviert wird. Das wird nicht passieren. Es ist zwar einfach, die Verantwortung auf andere abzuwälzen, doch wenn man möchte, dass sich wirklich etwas verändert, muss man bei sich anfangen. Dann muss man dafür kämpfen. Und letztendlich müssen wir das alle gemeinsam tun.

Ich bin am 11. September 2017 irgendwie hier reingerutscht. Im vergangenen Jahr habe ich mit so vielen Menschen über

Pflege gesprochen. Ich habe sehr viel dabei gelernt und nehme manche Dinge heute anders wahr, aber was ich vor allem gelernt habe, ist, dass wir uns im Kreis drehen. Probleme, die wir heute haben, sind nicht aus dem Nichts entstanden. Wir haben zugelassen, dass sie entstehen. Ich bin nur ein 22-jähriger Auszubildender. Auf mich müssen Sie nicht hören. Aber vielleicht bringt es etwas, wenn ich mit dem Zitat eines weisen Menschen ende:

>»Sei du selbst die Veränderung,
> die du dir wünschst für diese Welt.«
> MAHATMA GANDHI

ANMERKUNGEN

1 Aus Gründen der besseren Lesbarkeit wird ausschließlich die männliche Form verwendet. Sie bezieht sich auf Personen beiderlei Geschlechts.
2 Vgl. R + V Versicherung (2017): Die Ängste der Deutschen 2017. Online verfügbar unter: https://www.ruv.de/static-files/ruvde/downloads/presse/aengste-der-deutschen-2017/ruv-aengste2017-ergebnisse.pdf (10.09.2018)
3 Vgl. Gastmeier, P., Geffers, C. (2016): Nosokomiale Infektionen in Deutschland. In: Deutsche Medizinische Wochenschrift, 141 (06), S. 421–426.
4 Vgl. National Consortium for the Study of Terrorism and Responses to Terrorism (START) (2016): Global Terrorism Database. Online verfügbar unter: https://www.start.umd.edu/gtd. (14.11.2018)
5 Tagesschau (2017): ARD-Wahlarena: Frage an Merkel zur Pflege. Online verfügbar unter: https://www.youtube.com/watch?v=WClqdJSgsok (16.12.2018)
6 Vgl. Becker, K., Wichmann, W. (2017): Ein Moment für die Krankenpflege. Online verfügbar unter: https://www.tagesschau.de/inland/btw17/krankenpflege-105.html (14.11.2018)
7 Vgl. Ostwald, D. A. et al. (2010): Fachkräftemangel – stationärer und ambulanter Bereich bis zum Jahr 2030, S. 10. Online verfügbar unter: https://www.pwc.de/de/gesundheitswesen-und-pharma/assets/fachkraeftemangel.pdf (20.10.2018)
8 Burgard-Arp, N. (2017): Hype um Pflege-Azubi Alexander Jorde zeigt: Das deutsche TV braucht mehr Formate wie die

ARD-»Wahlarena«. Meedia. Online verfügbar unter: https://meedia.de/2017/09/13/hype-um-pflege-azubi-alexander-jorde-zeigt-das-tv-braucht-im-wahlkampf-mehr-formate-a-la-ard-wahlarena/ (16.12.2018)

9 Hildesheimer Allgemeine Zeitung (2017): Der mit der Kanzlerin ringt. Online verfügbar unter: https://www.hildesheimer-allgemeine.de/news/article/der-mit-der-kanzlerin-ringt.html (16.12.2018)

10 Woratschka, R. (2017): Heftige Kritik an Merkel in der ARD-Wahlarena. Pflege nur ganz am Rande. Der Tagesspiegel. Online verfügbar unter: https://www.tagesspiegel.de/politik/heftige-kritik-an-merkel-in-der-ard-wahlarena-pflege-nur-ganz-am-rande/20316502.html (16.12.2018)

11 Noizz (2017): Dieser Azubi grillt Merkel besser als alle TV-Duell-Moderatoren zusammen. Online verfügbar unter: https://noizz.de/politik/dieser-azubi-grillt-merkel-besser-als-alle-tv-duell-moderatoren-zusammen/3lberlw (16.12.2018)

12 Rolling Planet (2017): Das ist Alexander Jorde – der Krankenpfleger, der die Kanzlerin herausforderte. Online verfügbar unter: https://rollingplanet.net/das-ist-alexander-jorde-der-krankenpfleger-der-die-kanzlerin-herausforderte-rp/ (16.11.2018)

13 Becker, K., Wichmann, W. (2017): Ein Moment für die Krankenpflege. Online verfügbar unter: https://www.tagesschau.de/inland/btw17/krankenpflege-105.html (16.12.2018)

14 Deutscher Bundestag (2018): Plenarprotokoll 13/224 vom 26.03.1998, S. 20 482.

15 Vgl. Süddeutsche Zeitung (2012): Von der Leyen will Schlecker-Frauen als Erzieherinnen. Online verfügbar unter: https://www.sueddeutsche.de/wirtschaft/folgen-der-schlecker-insolvenz-von-der-leyen-will-schlecker-frauen-als-erzieherinnen-1.1376492 (16.12.2018)

16 Juchli, L., Högger, B. (1971): Umfassende Krankenpflege, Stuttgart: Thieme Verlag.

17 International Council of Nurses (2012): ICN-Ethikkodex für

Pflegende, übers. v. Deutscher Berufsverband für Pflegeberufe (DbfK), Berlin, S. 1.
18 Vgl. ver.di (2018): Belastungscheck. Das Soll ist voll. Online verfügbar unter: https://gesundheit-soziales.verdi.de/++co-++bac585d0-749d-11e8-9bbb-525400940f89 (14.11.2018)
19 Vgl. Aiken, L. H., Sermeus, W., Van den Heede, K. et al. (2012): Patient safety, satisfaction, and quality of hospital care: cross sectional surveys of nurses and patients in 12 countries in Europe and the United States. In: BMJ, 344, Tabelle 3. Online verfügbar unter: https://www.bmj.com/content/344/bmj.e1717 (16.12.2018)
20 Vgl. ebd.
21 Vgl. Bundesagentur für Arbeit (2018): Arbeitsmarktsituation im Pflegebereich, S. 6. Online verfügbar unter: https://statistik.arbeitsagentur.de/Statischer-Content/Arbeitsmarktberichte/Berufe/generische-Publikationen/Altenpflege.pdf (16.12.2018)
22 BKK Dachverband (2017): Faktenblatt BKK Gesundheitsatlas 2017, S. 3. Online verfügbar unter: https://www.bkk-dachverband.de/fileadmin/user_upload/Faktenblatt_BKK_Gesundheitsatlas_2017_FINAL.pdf (16.12.2018)
23 Vgl. Glaser, J., Lampert, M., Weigl, M. (2008): Arbeit in der stationären Altenpflege. Analyse und Förderung von Arbeitsbedingungen, Interaktion, Gesundheit und Qualität, Dortmund: Wirtschaftsverlag NW – Verlag für neue Wissenschaft GmbH, S. 152.
24 Vgl. Hasselhorn, H.-M., Müller, B. H. (2004): Arbeitsbelastung und -beanspruchung bei Pflegepersonal in Europa – Ergebnisse der Next-Studie, S. 31, in: Fehlzeiten-Report 2004, Berlin, Heidelberg: Springer Verlag, S. 21–47.
25 Vgl. Gregersen, S. (2005): Psychische Belastung in der Altenpflege. Zusammenfassung verschiedener Studien. Berufsgenossenschaft für Gesundheitsdienst und Wohlfahrtspflege (BGW), Hamburg, S. 32.
26 Ver.di (2017): Nachtdienstreport. Personalmangel und

Versorgungsprobleme in deutschen Krankenhäusern, S. 16. Online verfügbar unter: www.nachtdienstreport.verdi.de (20.10.2018)

27 Isfort, M., Klostermann, J., Gehlen, D., Siegling, B. (2014): Pflege-Thermometer 2014. Eine bundesweite Befragung von leitenden Pflegekräften zur Pflege und Patientenversorgung von Menschen mit Demenz im Krankenhaus. Deutsches Institut für angewandte Pflegeforschung e. V. (dip), Köln. Online verfügbar unter: https://www.dip.de/fileadmin/data/pdf/projekte/Pflege-Thermometer_2014.pdf (16.12.2018)

28 Vgl. Biermann, K. (2018): Keine Zeit für Menschlichkeit. Zeit Online. Online verfügbar unter: https://www.zeit.de/arbeit/2018-02/pflege-krankenhaus-arbeit-stress-mangel (16.12.2018)

29 Zeit Online (2018): Altenheime und Kliniken melden über 36 000 unbesetzte Stellen. Online verfügbar unter: https://www.zeit.de/wirtschaft/2018-04/pflege-kranke-altenheime-kliniken-notstand-bundesregierung (16.12.2018)

30 Vgl. ver.di (2017): Nachtdienstreport. Personalmangel und Versorgungsprobleme in deutschen Krankenhäusern, S. 24. Online verfügbar unter: www.nachtdienstreport.verdi.de (16.12.2018)

31 Ebd., S. 26.

32 Simon, M., Tackenberg, P., Hasselhorn, H.-M., Kümmerling, A., Büscher, A. & Müller, B. H. (2005): Auswertung der ersten Befragung der NEXT-Studie in Deutschland. Universität Wuppertal, S. 18. Online verfügbar unter: http://www.next.uni-wuppertal.de (16.12.2018)

33 Vgl. ebd., S. 18.

34 Vgl. BGW (2015): Individualprävention bandscheibenbedingter Erkrankungen der Lendenwirbelsäule bei Pflegekräften – Ergebnisse aus der Rückenkollegs-Prospektivstudie. Online verfügbar unter: https://www.bgw-online.de/DE/Arbeitssicherheit-Gesundheitsschutz/Grundlagen-Forschung/GPR-Medientypen/Plakat-Aushang/DGAUM-2015-Rueckenkolleg.html (16.12.2018)

35 Vgl. DEVK Versicherungen (2018): DEVK führt Grundfähigkeitsversicherung ein. Pressemitteilung vom 2. Juli 2018. Online verfügbar unter: https://www.devk.de/presse/pressemitteilungen/pm_115392.jsp (16.12.2018)
36 Vgl. Simon, M., Tackenberg, P., Hasselhorn, H.-M., Kümmerling, A., Büscher, A. & Müller, B. H. (2005): Auswertung der ersten Befragung der NEXT-Studie in Deutschland. Universität Wuppertal, S. 8. Online verfügbar unter: http://www.next.uni-wuppertal.de (16.11.2018)
37 Vgl. ebd., S. 20.
38 Ver.di. (2017): Nachtdienstreport. Personalmangel und Versorgungsprobleme in deutschen Krankenhäusern, S. 20. Online verfügbar unter: www.nachtdienstreport.verdi.de (16.12.2018)
39 Vgl. Niedersächsische Landesschulbehörde (2017): Niedersächsische Verordnung über Anforderungen an Schulen für Gesundheitsfachberufe und an Einrichtungen für die praktische Ausbildung (NschGesVO), S. 5. Online verfügbar unter: https://www.landesschulbehoerde-niedersachsen.de/themen/weitere-aufgaben-der-landesschulbehoerde/gesundheitsfachberufe/nschgesvo.pdf/view (16.12.2018)
40 Vgl. Bundesagentur für Arbeit (2017): Entgeltatlas 2017. Online verfügbar unter: https://entgeltatlas.arbeitsagentur.de/ (16.12.2018)
41 Vgl. Busse, R., Zander, B. (2007): Pflege wandert aus. RN4Cast. Online verfügbar unter: http://www.pflege-wandert-aus.de/ (14.12.2018)
42 Vgl. Hasselhorn, H.-M. (2007): Demografische Herausforderungen in der Pflege – Ergebnisse der Europäischen NEXT-Studie, S. 21. Online verfügbar unter: www.next-study.net (16.12.2018)
43 Vgl. Busse, R., Zander, B. (2007): Pflege wandert aus. RN4Cast. Online verfügbar unter: http://www.pflege-wandert-aus.de/ (14.12.2018)
44 Vgl. Schröer, L. (2016): Erwerbsminderungsrenten in der

Krankenpflege. Studie des Instituts Arbeit und Technik (IAT). In: Forschung Aktuell, 01/2016, S. 5. Online verfügbar unter: https://www.iat.eu/forschung-aktuell/2016/fa2016-01.pdf (14.12.2018)

45 Vgl. ebd., S. 19.

46 Simon, M. (2007): Stellenabbau im Pflegedienst der Krankenhäuser. Eine Analyse der Entwicklung zwischen 1991 und 2005. Veröffentlichungsreihe der Evangelischen Fachhochschule Hannover, P07–001, Hannover, S. 90.

47 Vgl. Ausserhofer, D., Zander, B., Busse, R. et al. (2013): Prevalence, patterns and predictors of nursing care left undone in European hospitals: results from the multicountry cross-sectional RN4CAST study. Online verfügbar unter: https://qualitysafety.bmj.com/content/23/2/126 (20.10.2018)

48 Vgl. Zander, B., Dobler, L., Bäumler, M., Busse, R. (2014): Implizite Rationierung von Pflegeleistungen. In: Gesundheitswesen 2014, 76 (11), S. 727–734.

49 Vgl. Busse, R. (2015): Welchen Einfluss haben qualitative und quantitative Parameter der Pflege in Akutkrankenhäusern auf Personal- und Patienten-Outcomes? Ergebnisse der RN-4Cast-Studie, S. 53. Online verfügbar unter: https://www.mig.tu-berlin.de/menue/research/abgeschlossene_projekte/rn4cast/ (16.12.2018)

50 Vgl. ebd.

51 Vgl. ebd.

52 Vgl. Krumholz, H. M. (2013): Post-Hospital Syndrome. An Acquired, Transient Condition of Generalized Risk. In: New England Journal of Medicine, 368 (2), S. 100–102.

53 Hirschhausen, E. v., Grünewald, S., Langebartels, B. (2013): Heilsame Stimmung im Krankenhaus. Gesundheitsfördernde Prinzipien aus Sicht von Ärzten, Pflegekräften und Patienten und warum wir Lachen ernst nehmen sollten. Eine tiefenpsychologische Studie, S. 3. Online verfügbar unter: https://www.humorhilftheilen.de/wissenschaft/wissenschaftliche-forschung/ (16.12.2018)

54 Vgl. Pirlich, M. (2004): Was ist Mangelernährung? In: Wiener Klinische Wochenschrift, 116 (17), S. 575–578.

55 Vgl. Norman, K., Lochs, H., Pirlich, M. (2004): Malnutrition als prognostischer Faktor. In: ChirGastroenterol, 20 (3), S. 175–180.

56 Vgl. Medizinischer Dienst der Spitzenverbände der Krankenkassen e. V. (2018): 5. Bericht des MDS über die Qualität in der ambulanten und stationären Pflege, S. 10. Online verfügbar unter: https://www.mds-ev.de/themen/pflegequalitaet/mds-pflege-qualitaetsberichte.html (16.12.2018)

57 Vgl. ebd., S. 10.

58 Vgl. ebd., S. 9.

59 Simon, M. (2007): Stellenabbau im Pflegedienst der Krankenhäuser. Eine Analyse der Entwicklung zwischen 1991 und 2005. Veröffentlichungsreihe der Evangelischen Fachhochschule Hannover, P07–001, Hannover, S. 86.

60 Vgl. Walger, P., Popp, W., Exner, M. (2013): Stellungnahme der DGKH zu Prävalenz, Letalität und Präventionspotenzial nosokomialer Infektionen in Deutschland 2013. In: Hygiene & Medizin, 38/2013, S. 335.

61 Ver.di (2017): Personalnot gefährdet Patienten. Online verfügbar unter: https://gesundheit-soziales.verdi.de/themen/mehr-personal/++co++39b60334-9c6c-11e7-8b03-5254004 23e78?kws=DRK (16.12.2018)

62 Vgl. ver.di (2017): Nachtdienstreport. Personalmangel und Versorgungsprobleme in deutschen Krankenhäusern, S. 22. Online verfügbar unter: www.nachtdienstreport.verdi.de (20.10.2018)

63 Vgl. Simon, M. (2007): Stellenabbau im Pflegedienst der Krankenhäuser. Eine Analyse der Entwicklung zwischen 1991 und 2005. Veröffentlichungsreihe der Evangelischen Fachhochschule Hannover, P07–001, Hannover, S. 86.

64 Vgl. ebd., S. 87.

65 Vgl. Aiken, L. H. et al. (2014): Nurse staffing and education and hospital mortality in nine European Countries: a retrospective

observational study. In: Lancet, 383, S. 1824–30. Online verfügbar unter: https://www.thelancet.com/journals/lancet/article/PIIS0140-6736(13)62631-8/fulltext (15.12.2018)

66 Vgl. Simon, M. (2007): Stellenabbau im Pflegedienst der Krankenhäuser. Eine Analyse der Entwicklung zwischen 1991 und 2005. Veröffentlichungsreihe der Evangelischen Fachhochschule Hannover, P07-001, Hannover, S. 9.

67 Art. 13 GesSG: Gesetz zur Sicherung und Strukturverbesserung der gesetzlichen Krankenversicherung (Gesundheitsstrukturgesetz). Online verfügbar unter: https://www.jurion.de/gesetze/gessg/13/ (14.12.2018)

68 Vgl. Renner & Reiter (2011): Handbuch Pflegepersonalregelung für Erwachsene, Kinder & Jugendliche in den oö. Krankenhäusern. Wien: Ikon Verlag, S. 16–20.

69 Vgl. Simon, M. (2007): Stellenabbau im Pflegedienst der Krankenhäuser. Eine Analyse der Entwicklung zwischen 1991 und 2005. Veröffentlichungsreihe der Evangelischen Fachhochschule Hannover, P07-001, Hannover, S. 42.

70 Vgl. ebd.

71 Vgl. ebd, S. 77.

72 Vgl. Keun, F., Prott, R. (2008): Einführung in die Krankenhaus-Kostenrechnung: Anpassung an neue Rahmenbedingungen. Wiesbaden: Gabler Verlag, S. 227 f.

73 Vgl. Simon, M. (2007): Stellenabbau im Pflegedienst der Krankenhäuser. Eine Analyse der Entwicklung zwischen 1991 und 2005. Veröffentlichungsreihe der Evangelischen Fachhochschule Hannover, P07-001, Hannover, S. 57 f.

74 Ebd., S. 61.

75 Ebd.

76 Vgl. ebd., S. 32 f.

77 Ebd., S. 17.

78 Vgl. ebd., S. 61.

79 Vgl. Flintrop, J. (2006): Auswirkungen der DRG-Einführung: Die ökonomische Logik wird zum Maß der Dinge. In: Deutsches Ärzteblatt, 103(46), S. 3082–3085.

80 Simon, M. (2007): Stellenabbau im Pflegedienst der Krankenhäuser. Eine Analyse der Entwicklung zwischen 1991 und 2005. Veröffentlichungsreihe der Evangelischen Fachhochschule Hannover, P07-001, Hannover, S. 91.
81 Vgl. ebd., S. 61.
82 Ebd.
83 Ebd., S. 65.
84 Vgl. ebd., S. 89.
85 Vgl. Deutscher Berufsverband für Pflegeberufe (o. D.): Informationen zum aktuellen Stand der Pflegeberufe. Online verfügbar unter: http://www.dbfk.de/manifest/der-hintergrund/ (16.12.2018)
86 Vgl. Simon, M., Tackenberg, P., Hasselhorn, H.-M., Kümmerling, A., Büscher, A. & Müller, B. H. (2005): Auswertung der ersten Befragung der NEXT-Studie in Deutschland. Universität Wuppertal, S. 51. Online verfügbar unter: http://www.next.uni-wuppertal.de (16.11.2018)
87 Simon, M. (2007): Stellenabbau im Pflegedienst der Krankenhäuser. Eine Analyse der Entwicklung zwischen 1991 und 2005. Veröffentlichungsreihe der Evangelischen Fachhochschule Hannover, P07-001, Hannover, S. 91.
88 Vgl. Statistisches Bundesamt (2017): Grunddaten der Krankenhäuser – Fachserie 12 Reihe 6.1.1-2017, S. 8. Online verfügbar unter: https://www.destatis.de/DE/Publikationen/Thematisch/Gesundheit/Krankenhaeuser/GrunddatenKrankenhaeuser.html (12.12.2018)
89 Vgl. Fresenius (2017): Geschäftsbericht 2017, S. 4. Online verfügbar unter: https://www.fresenius.de/media_library/Fresenius_Geschaeftsbericht_2017.pdf (16.12.2018)
90 Vgl. BR24 (2018): Mit den Kräften am Ende: Pflege im Dauerstress. Online verfügbar unter: https://www.br.de/nachrichten/deutschland-welt/mit-den-kraeften-am-ende-pflege-im-dauerstress,R2ypBqT (16.12.2018)
91 Vgl. Pflegekammer Niedersachsen (2018): 14 000 Pflegekräfte haben gewählt. Pressemitteilung vom 2.07.2018. Online ver-

fügbar unter: https://www.pflegekammer-nds.de/nachrichten-ansehen/pressemitteilung-14-000-pflegekraefte-haben-gewaehlt (14.12.2018)

92 Vgl. Buxel, H. (2011): Was Pflegekräfte unzufrieden macht. In: Deutsches Ärzteblatt, 108 (17), S. 946–948.

93 Vgl. Hanika, H. (2012): Pflegeaufgabenprofile in Europa versus Entwicklungen in der Bundesrepublik Deutschland. In: PflegeRecht, 11, S. 694–703.

94 Vgl. Zander, B., Blümel, M., Busse, R. (2013): Nurse migration in Europe – Can expectations really be met? Combining qualitative and quantitative data from Germany and eight of its destination and source countries. In: International Journal of Nursing Studies, 50 (2), S. 210–218.

95 WDR (2018): Kranke Pflege – Alexander Jorde kämpft für einen Neustart. Online verfügbar unter: https://www1.wdr.de/fernsehen/die-story/sendungen/kranke-pflege-100.html (16.12.2018)

96 Vgl. Augurzky, B. et al. (2009): Bedeutung der Krankenhäuser in privater Trägerschaft, Rheinisch-Westfälisches Institut für Wirtschaftsforschung, S. 8. Online verfügbar unter: https://www.bdpk.de/media/file/453.M_52_Factbook.pdf (16.12.2018)

97 Vgl. Europäische Kommission (2013): Beschäftigung, Soziales und Integration. Ihre Rechte der sozialen Sicherheit in Norwegen. Online verfügbar unter: http://ec.europa.eu/employment_social/empl_portal/SSRinEU/Your%20social%20security%20rights%20in%20Norway_de.pdf (16.12.2018)

98 Vgl. Aiken, L. H., Sermeus, W., Van den Heede, K. et al. (2012): Patient safety, satisfaction, and quality of hospital care: cross sectional surveys of nurses and patients in 12 countries in Europe and the United States. In: BMJ, 344, Tabelle 3. Online verfügbar unter: https://www.bmj.com/content/344/bmj.e1717 (16.12.2018)

99 Vgl. Statistikamt Norwegen (2017): Earnings for employees, by measuring method, occupation, sex, contractual/usual working hours per week, contents and year. Online verfügbar

unter: https://www.ssb.no/en/statbank/table/11418/table-ViewLayout1/ (16.12.2018)

100 Vgl. Hasselhorn, H.-M. (2007): Demografische Herausforderungen in der Pflege – Ergebnisse der Europäischen NEXT-Studie, S. 21. Online verfügbar unter: www.next-study.net (16.12.2018)

101 Vgl. Anwar, A. (2007): Tausende Krankenschwestern drohen mit Massenkündigung. Spiegel Online. Online verfügbar unter: http://www.spiegel.de/wirtschaft/arbeitskampf-extrem-tausende-krankenschwestern-drohen-mit-massenkuendigung-a-513592.html (16.12.2018)

102 Vgl. Steinberger, L. (2007): 13 000 Krankenschwestern kündigen. Neue Züricher Zeitung. Online verfügbar unter: https://www.nzz.ch/13_000_krankenschwestern_kuendigen-1.586342 (16.12.2018)

103 Kiander, J. (2007): Nationaler Notfall in Finnland: Krankenschwestern kämpfen mit harten Bandagen. Friedrich Ebert Stiftung. Online verfügbar unter: http://library.fes.de/pdf-files/bueros/stockholm/05023.pdf (16.12.2018)

104 Vgl. Steinberger, L. (2007): 13 000 Krankenschwestern kündigen. Neue Züricher Zeitung. Online verfügbar unter: https://www.nzz.ch/13_000_krankenschwestern_kuendigen-1.586342 (16.12.2018)

105 Vgl. Kiander, J. (2007): Nationaler Notfall in Finnland: Krankenschwestern kämpfen mit harten Bandagen. Friedrich Ebert Stiftung. Online verfügbar unter: http://library.fes.de/pdf-files/bueros/stockholm/05023.pdf (16.12.2018)

106 Vgl. Sanomat, T. (2007): Tehy neuvotteli korotukset vain omilleen. (Original). Online verfügbar unter: https://www.ts.fi/uutiset/kotimaa/1074241596/Tehy+neuvotteli+korotukset+-vain+omilleen (16.12.2018)

107 Buhl, P.-A. (2017): Zukunft der Pflege 4: Buurtzorg –oder wie Menschlichkeit die Bürokratie besiegt. Online verfügbar unter: https://buhl-coaching.de/author/tag/buurtzorg/ (16.12.2018)

108 Vgl. Buurtzorg Services (o. D.): Projects. Online verfügbar unter: https://buurtzorgservices.com/projects/ (14.12.2018)

109 Vgl. Kirchner, U. (2016): Das Modell. Online verfügbar unter: http://www.buurtzorg-in-deutschland.org/buurtzorg/ (14.12.2018)

110 Vgl. Monsen, K., de Blok, J. (2013): Buurtzorg Nederland, In: American Journal of Nursing, 113 (8), S. 55–59.

111 Vgl. ebd.

112 Vgl. KPMG (2015): The Added Value of Buurtzorg Relative to Other Providers of Home Care: A Quantitative Analysis of Home Care in the Netherlands in 2013. (Original). Online verfügbar unter: http://www.invoorzorg.nl/docs/ivz/informatiecentrum/de-toegevoegde-waarde-van-buurtzorg-t-o-v-andere-aanbieders-van-thuiszorg.pdf (14.12.2018)

113 Blok, J. de (2015): Healthcare: humanity above bureaucracy. Jos de Blok. TedXGeneva. Online verfügbar unter: https://www.youtube.com/watch?v=SS0WtXvqsgg (14.11.2018)

114 Lübbers, N. (2017): Niederlande: Meine 92-jährige Mitbewohnerin. Das Erste. Online verfügbar unter: https://www.daserste.de/information/politik-weltgeschehen/weltspiegel/sendung/niederlande-meine-92-jaehrige-mitbewohnerin-100.html (14.12.2018)

115 Vgl. ebd.

116 Vgl. Saxl, S. (2012): De Hogeweyk. Das Alzheimer-Dorf bei Amsterdam. In: Alzheimer Info, 3/2012.

117 Vgl. Hans, B. (2012): Niederländisches Demenzdorf Hogewey. Alles für den Augenblick. Spiegel Online. Online verfügbar unter: http://www.spiegel.de/panorama/gesellschaft/demenzdorf-hogewey-in-den-niederlanden-a-823426.html (14.12.2018)

118 Vgl. Saxl, S. (2012): De Hogeweyk. Das Alzheimer-Dorf bei Amsterdam. In: Alzheimer Info, 3/2012.

119 Vgl. CNN (2013): CNN's World's Untold Stories: Dementia Village. Online verfügbar unter: https://www.youtube.com/watch?v=LwiOBlyWpko (14.12.2018)

120 Müncher, T. (2018): Belgien und Niederlande machen es vor: So muss ein sinnvolles Pflegesystem aussehen. Focus Online. Online verfügbar unter: https://www.focus.de/finanzen/versicherungen/krankenversicherung/individuelle-pflege-ambulante-angebote-mehr-sparsamkeit-belgien-niederlande-machen-es-vor-so-muss-ein-sinnvolles-pflegesystem-aussehen_id_8534437.html (14.12.2018)

121 Ebd.

122 Augustin, B. (2016): Raus aus den Betten. Deutschlandfunk. Online verfügbar unter: https://www.deutschlandfunk.de/das-niederlaendische-gesundheitssystem-raus-aus-den-betten.724.de.html?dram:article_id=372291 (14.12.2018)

123 Ebd.

124 Vgl. Josuks, H. (2003): Primary nursing: Ein Konzept für die ambulante Pflege. Ein Leitfaden zur Implementierung eines neuen Pflegesystems, Hannover: Schlütersche Verlagsgesellschaft, S. 17–25.

125 Vgl. Simon, M., Mehmecke, S. (2017): Nurse-to-Patient Ratios: Ein internationaler Überblick über staatliche Vorgaben zu einer Mindestbesetzung im Pflegedienst der Krankenhäuser, Working Paper Forschungsförderung der Hans-Böckler-Stiftung, Nr. 27, S. 7. Online verfügbar unter: https://www.boeckler.de/pdf/p_fofoe_WP_027_2017.pdf (17.11.2018)

126 Vgl. ebd., S. 16.

127 Vgl. California Department of Health Services (2003): Final Statement of Reasons. Online verfügbar unter: http://www.cdph.ca.gov/services/DPOPP/regs/Documents/R-37-01_FSOR.pdf (16.11.2018)

128 Vgl. California Department of Health Services (2003): Nurse-to-Patient Ratio Regulations. Online verfügbar unter: http://www.cdph.ca.gov/services/DPOPP/regs/Documents/R-37-01_Regulation_Text.pdf (16.11.2018)

129 Vgl. Simon, M., Mehmecke, S. (2017): Nurse-to-Patient Ratios: Ein internationaler Überblick über staatliche Vorgaben zu einer Mindestbesetzung im Pflegedienst der Krankenhäuser, Wor-

king Paper Forschungsförderung der Hans-Böckler-Stiftung, Nr. 27, S. 20. Online verfügbar unter: https://www.boeckler.de/pdf/p_fofoe_WP_027_2017.pdf (17.11.2018)
130 Vgl. ebd., S. 29.
131 Vgl. Aiken, L. H. (2010): The California nurse staffing mandate: implications for other states. In: Leonard Davis Institute of Health Economics/Issue Brief, 15 (4), S. 1–4. Hickey, P. A. et al. (2011): Statewide and National Impact of California's Staffing Law on Pediatric Cardiac Surgery Outcomes. In: Journal of Nursing Administration, 41 (5), S. 218–225.
132 Vgl. McHugh, M. D., Ma, C. (2013): Hospital Nursing and 30-Day Readmissions among Medicare Patients with Heart Failure, Acute Myocardial Infarction, and Pneumonia. In: Medical Care Research and Review, 51 (1), S. 52–59.
133 Vgl. Spetz, J. et al. (2013): Using minimum nurse staffing regulations to measure the relationship between nursing and hospital quality of care. In: Medical Care Research and Review, 70 (4), S. 380–399.
134 Vgl. McHugh, M. D. et al. (2016): Better Nurse Staffing and Nurse Work Environments Associated With Increased Survival of In-Hospital Cardiac Arrest Patients. In: Medical Care Research and Review, 54 (1), S. 74–80.
135 Vgl. World Bank (2017): Japan: Altersstruktur von 2007 bis 2017. Online verfügbar unter: https://de.statista.com/statistik/daten/studie/165976/umfrage/altersstruktur-in-japan/ (13.12.18)
136 Vgl. Schwab, K. (2018): The Global Competitiveness Report 2017/2018, S. 41 ff. Online verfügbar unter: http://www3.weforum.org/docs/GCR2017-2018/05FullReport/TheGlobalCompetitivenessReport2017%E2%80%932018.pdf (16.12.2018)
137 Vgl. World Bank (2016): Japan: Fertilitätsrate von 2006 bis 2016. https://de.statista.com/statistik/daten/studie/165977/umfrage/fertilitaetsrate-in-japan/ (13.12.18).
138 Vgl. Tohoku University (2015): Web Clock of Child population in Japan. Online verfügbar unter: http://mega.econ.tohoku.ac.jp/Children/index_en_2015.jsp (13.12.2018)

139 Vgl. Le monde diplomatique (2016): Schwester Roboter. Online verfügbar unter: http://www.taz.de/!5342456/ (13.12.2018)
140 Vgl. Lill, F. (2017): Hallo, wie geht es Ihnen? An einer Universität in Japan entwickeln Forscher den automatischen Krankenpfleger. Die Zeit. Online verfügbar unter: https://www.zeit.de/2017/01/pflegeroboter-japan-krankenpflege-terapio (14.12.2018)
141 Ebd.
142 Vgl. ebd.
143 Vgl. Le monde diplomatique (2016): Schwester Roboter. Online verfügbar unter: http://www.taz.de/!5342456/ (13.12.2018)
144 Vgl. Luz, J. et al. (2011): Förderung des Wissenstransfers für eine aktive Mitgestaltung des Pflegesektors durch Mikrosystemtechnik. Online verfügbar unter: https://www.uni-due.de/imperia/md/content/wimi-care/wb_33_.pdf (13.12.2018)
145 Vgl. RIKEN (2015): The strong robot with the gentle touch. Pressemitteilung vom 23.02.2015. Online verfügbar unter: http://www.riken.jp/en/pr/press/2015/20150223_2/ (13.12.2018)
146 Vgl. Panasonic (o. D.): Welfare and Medical Treatment Products. Online verfügbar unter: https://www.panasonic.com/global/corporate/technology-design/ud/welfare.html (13.12.2018)
147 Vgl. RIKEN (2015): The strong robot with the gentle touch. Pressemitteilung vom 23.02.2015. Online verfügbar unter: http://www.riken.jp/en/pr/press/2015/20150223_2/ (13.12.2018)
148 Vgl. Panasonic (2016): No More Power Barriers with Panasonic Assist Robots. Online verfügbar unter: https://news.panasonic.com/global/stories/2016/44969.html (14.12.2018)
149 Vgl. Beermann, M. (2011): Pflegenotstand in Japan: Roboter sind die Lösung für die Zukunft. RP online. Online verfügbar unter: https://rp-online.de/leben/gesundheit/news/

roboter-sind-die-loesung-fuer-die-zukunft_aid-13125207 (14.12.2018)

150 Vgl. Paro robots (o. D.): Press releases. Online verfügbar unter: http://www.parorobots.com/pressreleases.asp (14.12.2018)

151 Vgl. Wagner, J., Steinwehr, U. (2018): Roboter pflegen Senioren. Deutsche Welle. Online verfügbar unter: https://www.dw.com/de/roboter-pflegen-senioren/g-43163088 (14.12.2018)

152 Vgl. Handelszeitung (2016): Roboter »Pepper« kommt nach Europa. Online verfügbar unter: https://www.handelszeitung.ch/unternehmen/roboter-pepper-kommt-nach-europa-1002409# (14.12.2018)

153 Vgl. Deutscher Berufsverband für Pflegeberufe (o. D.): Informationen zum aktuellen Stand der Pflegeberufe. Online verfügbar unter: http://www.dbfk.de/manifest/der-hintergrund/ (16.12.2018)

154 Institut Arbeit und Technik (2016): Teilzeitarbeit in Gesundheit und Pflege. Pressemitteilung vom 08.04.2016. Studie online verfügbar unter: https://www.iat.eu/files/forschung-aktuell2016-04.pdf (12.12.2018)

155 Vgl. Scharfenberg, E. (2016): Was beschäftigt Pflegekräfte? Online verfügbar unter: http://www.elisabeth-scharfenberg.de/umfrage.html (12.12.2018)

156 Vgl. Seibert, H., Carstensen, J., Wiethölter, D. (2018): Entgelte von Pflegekräften – große Unterschiede zwischen Berufen, Bundesländern und Pflegeeinrichtungen. Studie des Instituts für Arbeitsmarkt- und Berufsforschung, S. 4. Online verfügbar unter: http://doku.iab.de/arbeitsmarktdaten/Entgelte_von_Pflegekraeften.pdf (12.12.2018)

157 Vgl. Bundesagentur für Arbeit (2018): Antwort des Bundesministeriums auf die Anfrage von Bündnis 90/Die Grünen, S. 5. Online verfügbar unter: https://www.dkgev.de/media/file/82551.Anlage1_Unbesetzte_Stellen_in_der_Alten-_und_Krankenpflege.pdf (12.12.2018)

158 Vgl. Krüger, V. (2018): Das Einstiegsgehalt geht bei 85 000 Euro los. Spiegel Online. Online verfügbar unter:

http://www.spiegel.de/spiegel/unispiegel/beruf-fluglotse-das-einstiegsgehalt-geht-bei-85-000-euro-los-a-1219046.html (16.12.2018)

159 Vgl. Ärzteblatt (2018): Keine Einigung über Pflegepersonaluntergrenzen im Krankenhaus. https://www.aerzteblatt.de/nachrichten/96680/Keine-Einigung-ueber-Pflegepersonal-untergrenzen-im-Krankenhaus (16.12.2018)

160 Vgl. Fünftes Buch Sozialgesetzbuch. Gesetzliche Krankenversicherung (Artikel 1 des Gesetzes vom 20. Dezember 1988, BGBl. I S. 2477, 2482), S. 76.

161 Vgl. Presse- und Informationsamt der Bundesregierung (2018): Ein neuer Aufbruch für Europa. Eine neue Dynamik für Deutschland. Ein neuer Zusammenhalt für unser Land. Koalitionsvertrag zwischen CDU, CSU und SPD. 19. Legislaturperiode. Online verfügbar unter: https://www.bundesregierung.de/resource/blob/975226/847984/5b8bc23590d4cb2892b-31c987ad672b7/2018-03-14-koalitionsvertrag-data.pdf?download=1 (16.12.2018)

162 Simon, M. (2007): Stellenabbau im Pflegedienst der Krankenhäuser. Eine Analyse der Entwicklung zwischen 1991 und 2005. Veröffentlichungsreihe der Evangelischen Fachhochschule Hannover, P07–001, Hannover, S. 85.

163 Vgl. Aiken, L. H. et al. (2014): Nurse staffing and education and hospital mortality in nine European Countries: a retrospective observational study. In: Lancet, 383, S. 1824–30. Online verfügbar unter: https://www.thelancet.com/journals/lancet/article/PIIS0140-6736(13)62631-8/fulltext (15.12.2018)

164 Vgl. Deutsche Krankenhaus Gesellschaft (2017): Bestandsaufnahme zur Krankenhausplanung und Investitionsfinanzierung in den Bundesländern, S. 73. Online verfügbar unter: http://www.dkgev.de/media/file/47291.Anlage_Bestandsaufnahme_Maerz_2017.pdf (13.12.2018)

165 Vgl. FDP (2018): Bundesländer kommen Investitionspflicht nicht ausreichend nach. Antwort des Gesundheitsministeriums auf eine Anfrage der FDP. Online verfügbar unter: https://

www.fdp.de/gesundheitspolitik_bundeslaender-kommen-investitionspflicht-nicht-ausreichend-nach (13.12.2018)

166 Vgl. International Monetary Fund (2018): Größte Volkswirtschaften: Länder mit dem größten BIP im Jahr 2018 (in Milliarden US-Dollar). Online verfügbar unter: https://de.statista.com/statistik/daten/studie/157841/umfrage/ranking-der-20-laender-mit-dem-groessten-bruttoinlandsprodukt/ (13.12.18)

167 Vgl. Deutsche Bundesbank (2017): Staatsverschuldung von Deutschland gemäß Maastricht-Vertrag (in Milliarden Euro) von 1991 bis 2017. Online verfügbar unter: https://de.statista.com/statistik/daten/studie/162986/umfrage/entwicklung-der-staatsverschuldung-in-deutschland/ (14.12.18)

168 Vgl. Stappel, M. (2018): Land unter. Nominalzins taucht ab unter Inflationsrate. Online verfügbar unter: https://friedrich.dzbank.de/fileadmin/user_uploads/00_startseite/Friedrich-Ausgabe 1.pdf (16.12.2018)

169 Vgl. Leiner, F. (2011): Medizinische Dokumentation: Grundlagen einer qualitätsgesicherten integrierten Krankenversorgung Lehrbuch und Leitfaden, 6. Auflage, Stuttgart: Schattauer, S. 2.

170 Vgl. Universitätsklinikum Carl Gustav Carus (2013): Umweltbericht 2012/2013, S. 26. Online verfügbar unter: https://www.uniklinikum-dresden.de/de/das-klinikum/jahresberichte/UKD_CG_Umweltbericht2012-2013.pdf (12.12.2018)

171 AXA, CGM (2017): Forsa-Umfrage. Digitaler Gesundheitsmarkt in Deutschland, S. 5. Online verfügbar unter: https://www.it-finanzmagazin.de/digitalisierung-gesundheitswesen-wunsch-undwirklichkeit-2017-57522/ (12.12.2018)

172 Vgl. Hans-Böckler-Stiftung (2017): Digitalisierung im Krankenhaus. Mehr Technik – bessere Arbeit?, S. 45. Online verfügbar unter: https://www.boeckler.de/pdf/p_study_hbs_364.pdf (12.12.2018)

173 Vgl. Bundesministerium für Gesundheit (2018): Sofortprogramm Pflege. Online verfügbar unter: https://www.bundes-

gesundheitsministerium.de/sofortprogramm-pflege.html (12.12.2018)

174 Vgl. Aiken, L. H. et al. (2014): Nurse staffing and education and hospital mortality in nine European Countries: a retrospective observational study. In: Lancet, 383, S. 1824–30. Online verfügbar unter: https://www.thelancet.com/journals/lancet/article/PIIS0140-6736(13)62631-8/fulltext (15.12.2018)

175 Vgl. Bundeswehr Exclusive (o. D.): Die Rekruten. Online verfügbar unter: https://www.youtube.com/playlist?list=PLonyHde37tIao-vYD1K4rvhW4Hoav-ITq (16.12.2018)

176 Vgl. Deutsche Presse-Agentur (2015): Czaja: Mehr Menschen beginnen Ausbildung in der Altenpflege. Online verfügbar unter: https://www.focus.de/regional/brandenburg/soziales-czaja-mehr-menschen-beginnen-ausbildung-in-der-altenpflege_id_4431683.html (13.12.2018)

177 Vgl. Splendid Research (2018): Zukunft der Pflege und Bundeswehr. Online verfügbar unter: https://www.splendid-research.com/de/studie-wehrdienst-zivildienst.html (16.12.2018)

178 Bundesministerium für Familie, Senioren, Frauen und Jugend (2011): Abschlussbericht des Forschungsprojektes. Zivildienst als Sozialisationsinstanz für junge Männer. Online verfügbar unter: https://www.bmfsfj.de/blob/95570/313522443782c-173bab457d5439b5e40/zivildienst-als-sozialisatonsinstanz-fuer-junge-maenner-data.pdf (16.12.2018)

www.tropen.de

Alexander Wendt
Kristall
Eine Reise in die
Drogenwelt
des 21. Jahrhunderts

243 Seiten, Klappenbroschur
ISBN 978-3-608-50353-1
€ 17,95 (D) / € 18,50 (A)

Nie mehr Schlafen – Die Drogen des digitalen Zeitalters

Der Autor begibt sich auf eine spannende Reise ins Reich der heute nachgefragten Effizienzdrogen. In Gesprächen mit Drogenkonsumenten und -experten entwickelt er ein facettenreiches Bild der Drogenwelt von heute und morgen.
»*Der Leser, ob weltanschaulich rechts oder links, wird daran Vergnügen finden, denn hier beherrscht einer sein Handwerk. Das gilt für viele kleine Preziosen, die Wendt wie nebenbei aufsammelt. Vor allem aber besticht die sprachliche Form*« Manuela Lenzen-Schulte, FAZ

www.tropen.de

Heidi Benneckenstein
Ein deutsches Mädchen
Mein Leben in einer
Neonazi-Familie

Unter Mitarbeit von
Tobias Haberl
256 Seiten, broschiert
ISBN 978-3-608-50420-0
€ 9,95 (D) / € 10,30 (A)

Die packende Autobiographie einer Aussteigerin aus der Neonazi-Szene

Wer so tief im braunen Sumpf steckt, schafft es nicht über Nacht hinaus. Heidi wächst in der alles umfassenden Ideologie einer Nazi-Familie heran, in militanten Jugendgruppen und Kameradschaften. Mit Drill, Schlägen und Belohnung wird sie auf ein Leben im rechten Hass-Milieu vorbereitet. Mit zwanzig findet sie den Mut auszusteigen.
»Benneckensteins Buch zeigt, wie autoritäre Erziehung und Rassenideologie ein junges Mädchen zu einer überzeugten Nationalsozialistin machten.«
Xaver von Cranach, Der Spiegel

www.tropen.de

Mohamedou Ould Slahi
**Das Guantanamo-
Tagebuch**
Unzensiert

Mit einem neuen Vorwort
des Autors
Aus dem Amerikanischen von
Susanne Held
495 Seiten, Klappenbroschur
ISBN 978-3-608-50358-6
€ 20,– (D) / € 20,60 (A)

Ein schockierender Bericht aus der Hölle Guantanamos von unwidersprochener Authentizität

Todesdrohung, Gewaltanwendung, sexueller Missbrauch: Mohamedou Slahis Geständnis wurde unter Folter erpresst. Er galt jahrelang als einer der Hauptverdächtigen der Anschläge vom 11. September. Doch obwohl ein Gericht bereits 2010 seine Freilassung angeordnet hatte, blieb er bis zum Oktober 2016 inhaftiert. Sein ergreifender Bericht ist die bisher einzige bekannte Chronik eines Guantanamo-Gefangenen, die in der Haft verfasst wurde.